Die metaphysische Wachsfigur

oder

Auf Geisterfang mit Sir Arthur Conan Doyle

Eine magische Groteske

von

Paul Madsack

Mit zweiunddreißig Zeichnungen

von

Alfred Kubin

Verlag: Edition Geheimes Wissen
Internet: www.geheimeswissen.com
E-Mail: www_geheimeswissen_com@gmx.at

ISBN 978-3-903241-46-6

Inhaltsverzeichnis.

Vorwort des Herausgebers

Das Manuskript dieses Buches ist auf unerklärliche Weise in meinen Besitz gelangt. Es fand sich eines Tages auf meinem Schreibtisch, ohne dass ich feststellen konnte, wie es dahin gekommen war.

Ich legte es zunächst achtlos beiseite und nur die Neugier veranlasste mich, in einer freien Stunde einen Blick hineinzuwerfen. Es schien, als ob Teile des Manuskriptes fehlten, denn der Text war so unzusammenhängend, dass sich anfangs gar kein rechter Sinn ergeben wollte.

Bei näherer Prüfung aber stellte sich heraus, dass die Unordnung nur eine äußerliche war und darauf beruhte, dass die einzelnen unnummerierten Blätter des Manuskriptes durcheinandergekommen waren. Es verursachte eine recht unangenehme und langwierige Arbeit, die Seiten wieder richtig einzuordnen, vergleichbar fast der Lösung eines schwierigen Kreuzworträtsels oder der Aufgabe irgendeines Vexierspiels, das immer von neuem versucht werden muss.

Allmählich fanden sich aber doch die richtigen Stellen zusammen, und wenn ich jetzt das Ganze nochmals überlese, so meine ich, dass der Verfasser Plan und Absicht wohl überschaute und Sinn und Ordnung nicht vermissen lässt.

Die Verantwortung für den Inhalt des Manuskriptes muss ich freilich dem Autor selber überlassen.

Er behauptet, dass es sich um wirkliche und authentische Begebenheiten handele, die sich seinerzeit in der Stadt Augustenburg zugetragen und in aller Welt das ungewöhnlichste Aufsehen erregt hätten. Die Stadt Augustenburg habe ich zwar auf der Landkarte nicht entdecken können, aber die Ereignisse, die der Autor schildert, sind in der Tat so ungewöhnlich, dass alle bekannten Spukerzählungen, alle behaupteten Materialisationserscheinungen und sonstigen supranormalen Phänomene, wie sie gerade in unserer Zeit ja vielfach wieder aufzutreten pflegen, sich dagegen nur wie einzelne Lichteffekte zu einem großen Brillantfeuerwerk verhalten.

Der Bericht des Verfassers erhält noch dadurch einen pikanten Beigeschmack, dass der Autor, angeblich ein vielbeschäftigter Privatdetektiv, der bereits viele Erfolge aufzuweisen hat, sich der Mitwirkung des berühmten Schriftstellers und Geisterforschers Sir Arthur Conan Doyle rühmt, der zur Aufklärung der okkulten Tatbestände, wie sie sich in Augustenburg zeigten, express von London mit einem Flugzeug angeflogen kam.

Der Verfasser will dann in gemeinsamer okkulter Forschung mit Conan Doyle sogar einen Geist gefangengenommen und interviewt haben. Er glaubt deswegen zum mindesten einen Teil jener Summe von fünfundzwanzigtausend Dollar beanspruchen zu können, die bekanntlich ein amerikanisches Institut für Geisterforschung als Preis für denjenigen ausgesetzt hat, der den Nachweis erbringt, dass es wirklich Geister gibt.

Der Unterzeichnete hat bei Conan Doyle anfragen lassen, ob er auch wirklich in Augustenburg gewesen ist und ob sich auch alles so zugetragen hat, wie der Verfasser es schildert.

Conan Doyle hat nur mit der Gegenfrage geantwortet:

„Was ist wirklich?“

Vielleicht erklärt sich Conan Doyle nach dem Erscheinen dieses Buches etwas deutlicher.

Der Herausgeber.

Motto: Was ist wirklich?

Erstes Kapitel

Ein mysteriöser Fall

Die Stadt Augustenburg, in der sich die seltsamen Ereignisse zugetragen haben, die den Gegenstand dieses wahrheitsgemäßen Berichtes bilden, liegt in der zimbronensischen Tiefebene und zwar in jener Gegend, wo es eine gewisse Art von Schafen gibt, die man als Heidschnucken zu bezeichnen pflegt. Dieser Name hat schon häufiger zu Verwechslungen mit den menschlichen Bewohnern jener Gegend Anlass gegeben, eine Verwechslung, die umso bedauerlicher ist, als gerade die Augustenburger ein besonders biederer und sesshafter Menschenschlag sind, dessen wirkliche Gediegenheit von keinem andern Stamme Zimbroniens übertroffen wird.

Über Augustenburg als Stadt ist sonst nichts Besonderes zu bemerken. Es ist eine Großstadt, die sich ebenso wie andere Großstädte aller Errungenschaften der Neuzeit und des Fortschrittes erfreut und deren gut funktionierender Organismus sich nach einem wohlgeordneten System von Vorschriften und Verordnungen regelt, die von den Oberhäuptern der Stadt in weiser Voraussicht aller Möglichkeiten aufgestellt und bis in die kleinsten Einzelheiten ausgearbeitet sind.

Ordnung und Sauberkeit herrschten in der Stadt, und schön uniformierte Aufsichtsbeamte standen an allen Ecken, die jeden in seine Schranken zurückwiesen, wenn er sich unterfing, die allgemeine Ordnung zu stören oder die tausenderlei Vorschriften zu verletzen, die die Augustenburger auf Schritt und Tritt begleiteten, und jedem genaue Verhaltungsmaßregeln gaben, was er zu tun und was er zu lassen hätte.

Es geschahen deshalb auch in Augustenburg keine unvorhergesehenen Ereignisse oder dunkle Begebenheiten. Es hatte alles seine natürliche Ursache und nirgends hatten es die Scharlatane und Dunkelmänner schwieriger ihre Künste und Schwindelmanöver anzubringen, als gerade in Augustenburg.

Denn die Augustenburger erfreuten sich außer der Gediegenheit auch noch einer besonderen Aufgeklärtheit, die sie alles verachten ließ, was nicht mit zahlenmäßigen Belegen oder streng wissenschaftlichen Methoden bewiesen werden konnte. Sie standen, wie sie selbst von sich sagten, mit beiden Füßen fest auf der Erde und es gab nur ganz wenige unter ihnen, die nicht ein nützliches Mitglied der menschlichen Gesellschaft waren.

Seit Urväterzeiten lebten die Augustenburger nur in der realen Welt der wirklichen Tatsachen, zwischen Kindtaufe und Begräbnis, zwischen Konfirmation und silberner Hochzeit, zwischen Stammtisch und jenen Gebäuden, wo sie ihre Akten und Register anhäuften, ohne dass sich jemals etwas ereignete, von dem nicht alle schon vorausgesehen hatten, dass es nur so und nicht anders kommen musste.

Nun aber geschah dennoch in Augustenburg so etwas Außergewöhnliches und Seltsames, so etwas wider alle Ordnung und Regel, dass auch die Augustenburger ihr natürliches Gleichgewicht zu verlieren drohten und an der realen Welt der wirklichen Tatsachen zu zweifeln begannen.

Ist es schon etwas Ungewöhnliches, dass ein Gespenst sich auf einem Kirchhof, in einem verrufenen Schloss oder einem alten Gemäuer zeigt, so hat man etwas derartiges doch wohl schon in Chroniken gelesen oder aus dem Munde von alten Leuten gelegentlich einmal gehört.

Was aber soll man dazu sagen, dass sich ein Geist mitten im lebhaften Straßengewühl auf einer Litfaßsäule sehen lässt und noch dazu in einer Aufmachung und Gebärde, die allem Hohn zu sprechen schien, was man bisher von den Geistern vernommen hat.

Die Einzelheiten dieser Geistererscheinung werden den Zeitgenossen ja noch in frischester Erinnerung sein, denn die gesamte Presse der Welt brachte eingehende Berichte darüber, und die Gelehrten aller Länder haben ihre Gutachten dazu abgegeben.

Weniger bekannt aber dürfte der Öffentlichkeit geworden sein, dass das Auftreten des Geistes in einem gewissen, bisher noch nicht geklärten Zusammenhang mit dem Verschwinden jener Unbekannten stand, die seinerzeit auf der Durchreise durch Augustenburg im „Silbernen Schwan“ Wohnung nahm und allem Anschein nach einem Verbrechen zum Opfer fiel.

Die Spur jener Unbekannten ist bekanntlich bis auf den heutigen Tag nicht wiedergefunden worden, und es kam schon damals vereinzelt die Ansicht auf, dass das Verschwinden dieser Dame mit dem Erscheinen des Geistes in einem mysteriösen Zusammenhang stehen müsste.

Zwar versuchte die Staatsanwaltschaft, dem Falle eine durchaus natürliche Erklärung zu geben, indem sie nämlich behauptete, dass das Verschwinden einer menschlichen Person durchaus nichts Wunderbares sei, sondern leider die Einrichtungen der Polizei noch immer so unvollkommen wären, dass fast täglich in allen Ländern der Welt eine Anzahl von Personen zu verschwinden pflegte, eine Tatsache, die zwar von dem verbrecherischen Treiben gewisser Kreise zeugte, im Übrigen aber durchaus natürlich zu erklären wäre, zumal es sich in diesem Falle offenbar um eine Abenteuerin zweifelhaftester Sorte gehandelt hätte, die schon gewusst haben würde, weshalb sie sich „unsichtbar" machte.

Diese Argumente der Staatsanwaltschaft erschienen zwar auf den ersten Blick ziemlich vernünftig und im gewissen Sinne auch beruhigend, allein in Anbetracht des endlichen Ergebnisses, wie ich es zu erweisen vermag, muss man doch sagen, dass diese Ansicht der Staatsanwaltschaft im höchsten Grade oberflächlich, ja geradezu fahrlässig war.

Denn abgesehen davon, dass die Persönlichkeit der Verschwundenen sich schon sehr bald als die einer Dame von Distinktion und vornehmer Abkunft erwies, ergab sich allmählich eine solche Häufung von mysteriösen Einzelheiten, dass man geradezu blind sein musste, um sich dem Wunderbaren des Ereignisses so vollständig zu verschließen, wie es die Staatsanwaltschaft in ihrer Voreingenommenheit beharrlich tat.

Es ist in der Tat meinen Nachforschungen nach langer beschwerlicher Arbeit gelungen, den Nachweis zu erbringen, dass wirklich das Verschwinden jener Dame nur auf okkulter

Grundlage zu klären war und mit der Erscheinung des Geistes in einem seht sonderbaren Zusammenhang stand.

Es wird sich das alles im Laufe meines wahrheitsgetreuen Berichtes Punkt für Punkt ergeben, indem ich zunächst von den äußerlichen Geschehnissen ausgehe, so wie sich dieselben nach den Zeitungsnachrichten und den protokollierten Aussagen der Zeugen ergaben, die zu Anfang nur einen alltäglichen oder wenigstens nicht unerklärlichen Vorfall erkennen ließen, bis sich dann jene wahrhaft wunderbaren Geschehnisse herausstellten, die das Verschwinden jener Dame als einen Fall erkennen ließen, wie er in den Annalen der Kriminalgeschichte bisher noch nicht verzeichnet worden ist.

Fern von mir sei es, mich mit dem Leser darüber zu streiten, ob ich auch wirklich berufen bin, die behaupteten Aufklärungen zu geben. Ich möchte nur bemerken, dass ich meinen Beruf als Privatdetektiv schon seit einer Reihe von Jahren mit jenem Scharfsinn und jener unbeirrbaren Objektivität ausübe, zu der mich meine langjährigen Studien als Kriminalstudent befähigen. Ich verfüge, wie ich nur nebensächlich bemerken will, über eine große Anzahl von Dankesschreiben von hohen und höchsten Herrschaften, und man darf mir deshalb glauben, dass ich die nötige Skepsis und Schärfe des Verstandes besitze, um nicht in die Fehler jener Anfänger zu verfallen, die in jedem alltäglichen Kriminalfall Rätsel und Geheimnisse zu entdecken glauben.

Auch unter diesen Umständen hätte ich es dennoch nicht gewagt, meinen Bericht der Öffentlichkeit zu übergeben, wenn ich nicht für die Wahrheit meiner Behauptungen einen Zeugen zur Verfügung hätte, wie den Meister Conan Doyle, der es sich nicht nehmen ließ, von London nach Augustenburg herüberzukommen, um an Ort und Stelle selber einzugreifen. Der Leser mag entscheiden, welcher Anteil an dem Erfolg der endgültigen Aufklärung dem Meister zuzuschreiben ist und inwieweit meine eigene Mitwirkung dabei von Bedeutung war. Wenn ich in dem Bericht, den ich gebe, mich leider selber häufiger erwähnen muss, so bitte ich das nicht als ein Zeichen von Unbescheidenheit anzusehen, sondern nur als eine Notwendigkeit, die sich dadurch erklärt, dass es sich um eigene Erlebnisse handelt, die nur in der unmittelbaren Schilderung den ursprünglichen Reiz behalten.

Im Übrigen soll es mein Bemühen sein, mich einer absolut nüchternen und sachlichen Ausdrucksweise zu befleißigen, da die Abwicklung der wirklichen Ereignisse schon ganz von selbst genug des phantastischen bietet und ich, wie gesagt, vor allen Dingen vermeiden möchte, dass der Leser trotz aller Versicherungen etwa auf den Gedanken kommt, dass hier eine Geschichte zum Besten gegeben wird, die der Berichterstatter sich nach Art moderner Romanschriftsteller einfach aus den Fingern gesogen hat. Ich gebe nichts als nur die Wahrheit.

Es möge nun zunächst die Meldung des Augustenburger „Schleunigen Boten“ folgen, der als erster die folgende Notiz im lokalen Teil brachte:

„Ein mysteriöses Verbrechen“

> In dem unweit des Zentrums unserer Stadt gelegenen Etablissement „Zur goldenen Nachtmütze“ ist eine unbekannte Dame in einem bewusstlosen Zustande aufgefunden worden, unter Umständen, die den Schluss gerechtfertigt erscheinen lassen, dass sie das Opfer eines raffinierten Verbrechens geworden ist. Die Dame hatte sich (Wie oft haben wir schon davor gewarnt. D. Schriftltg.) von einem Unbekannten zu einem Souper einladen lassen, welche Gelegenheit der Verbrecher dazu benutzte, ihr ein Schlafpulver beizubringen, offenbar in der Absicht sie zu verschleppen. Nur dem energischen Dazwischentreten des Wirtes und einiger Gäste ist es zu danken, dass dem Verbrecher seine Absicht nicht gelungen ist. Wie wir noch nachträglich erfahren, scheint es nicht ausgeschlossen, dass es sich um ein hypnotisches Verbrechen handelt, ausgeübt von einemjener Schwindler und Scharlatane, die sich in neuester Zeit nicht nur in den Vortragssälen, son-

dern nun auch schon in privaten Kreisen bemerkbar machen. Von dem Täter fehlt zurzeit noch jede Spur.

Es war mir ohne weiteres klar, dass es sich um einen außergewöhnlichen Vorfall handelte, und da ich dem Beruf eines Privatdetektivs nicht ausschließlich des Gelderwerbes wegen nachgehe, sondern auch aus Neigung und Freude am Außergewöhnlichen, so begab ich mich stehenden Fußes in die „Goldene Nachtmütze", ein in Augustenburg sehr bekanntes Lokal, das sich allerdings nicht gerade des besten Rufs erfreut.

Ich war so glücklich, hier den Kriminalkommissar N. N. anzutreffen, dem ich schon manchen Dienst geleistet habe und der mir über alles bereitwilligst Auskunft gab.

Wie ich gleich erkannte, war der Fall von dem betreffenden Reporter nur sehr unvollkommen berichtet worden. Die vielgerühmte, sogenannte blühende Phantasie des Reporters hatte den Mann in diesem Falle vollkommen im Stich gelassen, was allerdings nicht weiter verwunderlich war, da in der Tat die Geschehnisse auch dic blühendste Reporterphantasie noch übertrafen und der Fall sich unendlich komplizierter darstellte, als er sich in dem Gehirn dieses braven Mannes widerspiegelte.

Die betreffende unbekannte Dame war zunächst ohne Begleitung in schon vorgerückter Stunde in dem Lokal erschienen und hatte sofort die Blicke aller anwesenden Gäste auf sich gezogen.

Wenn man den Aussagen dieser bereits von der Polizei als Zeugen vernommenen Leute Glauben schenken wollte, so muss die Dame von einer geradezu wunderbaren, um nicht zu sagen übernatürlichen Schönheit gewesen sein.

Es ist schwer, allen Vorzügen der Gestalt und des Gesichtes eine den Lobpreisungen der Zeugen angemessene Darstellung widerfahren zu lassen. Um nur einiges zu nennen, so besaß die Dame ein Paar wunderbare Augen mit langen seidenen Wimpern, vollkommen regelmäßige klassische Gesichtszüge, einen kleinen entzückenden Fuß, eine schlanke Taille und einen Alabasterbusen, dessen Spitzen selbstverständlich in der seidenen Hülle hervorstachen, die ihre Brust umspannte. Natürlich besaß sie auch einen Bubikopf, noch dazu einen silberblonden allerneuesten Schnittes.

Besonders bemerkenswert war noch, dass dieser Bubikopf von einem diamantenen Schmetterling gekrönt wurde, dessen Leib sich über den Scheitel des Kopfes legte, während die Flügel sich majestätisch über das Haupt erhoben.

Der Oberkellner und mehrere Zeugen konnten sich gar nicht genug tun, die prachtvolle Abendtoilette der Dame zu beschreiben, die in allen Regenbogenfarben geschillert hätte, sowie das Perlenkollier mit dem Skarabäus zu rühmen, das sie um den schneeweißen Hals getragen hätte.

Es konnte nach allem nicht zweifelhaft sein, dass diese Dame ein wirklicher Ausbund von Schönheit war, die sicherlich eines besonderen Interesses würdig erschien.

Je mehr Interesse sie jedoch selbst an jenem Abend erregte, desto weniger nahm sie ihrerseits von den Anwesenden Notiz, sondern zog sich sofort in eine Nische zurück, woselbst sie sich eine Tasse Kaffee geben ließ.

Sie schien vorzeitig von einer Abendgesellschaft aufgebrochen zu sein und auf irgendjemand zu warten, worauf jedenfalls ihre häufigen Blicke zur Tür des Eingangs schließen ließen.

Nach einiger Zeit sah man sie dann auch tatsächlich im Gespräch mit einem Herrn von kleiner Statur, der sich eifrig um sie zu bemühen schien und eine seidene rosa Maske vor dem Gesicht trug.

Natürlich behaupteten jetzt alle diejenigen Leute, die diesen Herrn gesehen hatten, dass er ihnen gleich beim ersten Anblick verdächtig vorgekommen wäre, aber weshalb er ihnen verdächtig vorgekommen war, das konnten sie nicht begründen. Dass der Herr sich eine seidene Maske vorgebunden hatte, erschien jedenfalls in Anbetracht des Umstandes, dass es Karnevalszeit war, noch keineswegs als besonderes Verdachtsmoment, wie auch der Umstand, dass der Herr zu seinem Gesellschaftsanzug einen Havelock und Zylinder trug, auf dem man noch einige Konfettispuren entdecken konnte, noch keineswegs zu einem besonderen Misstrauen in kriminalistischer Beziehung Anlass zu geben brauchte.

Die Herrschaften schienen vielmehr beide von einer karnevalistischen Veranstaltung zu kommen und sich in der „Goldenen Nachtmütze“ ein Rendezvous gegeben zu haben, eine Annahme, die auch dadurch eine Bestätigung fand, dass das ungewöhnliche Paar ein Souper und Champagner bestellte und sich sehr bald in eins der separierten Zimmer zurückzog, wie sie mehrfach den Gästen in diesem Lokal zur Verfügung standen.

Was sich nun innerhalb der nächsten Stunden in dem *Chambre séparée* begeben hatte, darüber schwebte zurzeit noch vollständiges Dunkel. Schon bald nach Mitternacht fiel es jedenfalls dem Wirt auf, dass die Tür zum separierten Zimmer von innen verschlossen war und auch trotz heftigen Anklopfens sich nichts im Zimmer regte.

Es blieb deshalb nichts anderes übrig, als die Tür des Zimmers gewaltsam zu öffnen, was mit den vereinten Kräften des Hauspersonals und einiger noch anwesender Gäste auch gelang.

Bis hierher bot der Fall gewiss noch nichts Außergewöhnliches oder jedenfalls noch nichts Mysteriöses, aber die Bekundungen der Zeugen über den Anblick, der sich nach dem Öffnen der Tür darbot, waren in jeder Beziehung so merkwürdig, dass sich zunächst jedenfalls erhebliche Zweifel an der Beobachtungsgabe der betreffenden Zeugen ergeben mussten. Die Leute, die bereits protokollarisch von den Polizeibeamten vernommen wären, bekundeten nämlich in wesentlicher Übereinstimmung das Folgende:

Es habe sie alle beim Öffnen der Türe an Haupt und Gliedern wie mit kleinen elektrischen Schlägen berührt und zugleich ein kalter Luftzug angeweht, wie aus einem geschlossenen Grabgewölbe. In der Luft des nicht erleuchteten Zimmers aber sei jener Herr mit der rosa Maske und dem Zylinder als ein Geist zu sehen gewesen, oder jedenfalls als ein mehr fluidales denn körperliches Wesen, das sich freischwebend wohl mehrere Fuß hoch vom Boden erhoben hätte, um gleich darauf, immer kleiner werdend, durch die Decke des Zimmers zu verschwinden.

Alle wollten gleichzeitig gesehen haben, dass diese Erscheinung hinten am Rücken Fledermausflügel besessen hätte. Auch behauptete die Mehrzahl der Zeugen, dass der Geist sich vor seinem Abgange sozusagen demaskiert und dabei ein weiß-

lich phosphoreszierendes Geistergesicht gezeigt hätte, dessen Mund aus einem roten Strich bestand, während die Nase nur zwei kleine Löcher zeigte. Das Seltsamste aber wären die Augen des Geistes gewesen, die wie kleine bunte Lichter in der Finsternis geflimmert hätten.

Als die Beobachter dieses gewiss seltsamen Phänomens sich endlich von ihrem Entsetzen erholten und das elektrische Licht wieder andrehten, mussten sie zu ihrem neuen Schrecken entdecken, dass die betreffende Dame, die sich mit dem unheimlichen Kavalier in das Zimmer zurückgezogen hatte, vollkommen bewusstlos auf dem Teppich lag, während das Souper und der Champagner noch unberührt auf dem Tische standen.

Es schien ein Verbrechen an der Dame verübt zu sein und das Leben den Körper bereits verlassen zu haben, denn sie gewährte nicht mehr den Anblick eines lebenden Menschen, sondern sah wie eine Wachspuppe oder eine bekleidete weiße Alabasterstatue aus.

„Wie eine Venus von Milo in Balltoilette“ habe sie ausgesehen, so meinte der Oberkellner in seiner Bekundung, und ebenso kalt und starr sei sie schon gewesen, als man versucht hätte, Wiederbelebungsversuche anzustellen, die jedoch völlig erfolglos blieben.

Auf Veranlassung des Wirtes war dann rasch ein Arzt herbeigerufen worden, der nach längerer Untersuchung zu der Ansicht kam, dass es sich keineswegs, wie man schon angenommen hatte, um die bereits eingetretene Leichenstarre handelte, sondern um einen kataleptischen Zustand so tiefer Art, dass eben der Laie sich täuschen konnte.

Trotz längerer Bemühungen gelang es jedoch zunächst auch dem Arzt nicht, die Ohnmächtige wieder zum Leben zu erwecken, weshalb er es für nötig hielt, die Dame in eine Klinik zu überführen und sich zu diesem Zweck an das Telefon begab.

In demselben Augenblick erschien auch die bereits benachrichtigte Polizei, mit der zugleich sich ein Haufen Neugieriger von der Straße her in das Lokal zu drängen suchte, und in der dadurch entstehenden plötzlichen Unordnung und Verwirrung ließ man unbegreiflicherweise die Bewusstlose einen Augenblick allein.

Als man sich dann endlich ihrer wieder erinnerte, ergab sich die von neuem recht seltsame Tatsache, dass die Ohnmächtige einfach verschwunden war.

Die Polizei nahm sofort eine genaue Durchsuchung des

ganzen Hauses vor, aber es war nirgends mehr eine Spur der Dame zu finden; nur in einer Rumpelkammer entdeckte man schließlich eine alte Wachsfigur, die an sich wohl kaum des Interesses wert gewesen wäre, wenn sich nicht der merkwürdige Umstand ergeben hätte, dass alle Anwesenden fest und steif behaupteten, dass diese Wachsfigur der verschwundenen Dame in jeder Beziehung gleiche. Und zwar nicht nur in Bezug auf die Gestalt und Gesichtszüge, sondern auch dem sonstigen Exterieur nach, wie denn die Wachspuppe tatsächlich mit einem Perlenkollier geschmückt war, an dem sich ein Skarabäus befand, während den Scheitel des Kopfes der Wachspuppe ein demantener Schmetterling krönte, der natürlich nur aus Glas bestand.

Es war dies in der Tat eine äußerst merkwürdige Übereinstimmung, aber man konnte zunächst jedenfalls nicht verlangen, dass die Polizei aus diesem Tatbestand andere Schlüsse zog, als wie sie auch jeder andere halbwegs vernünftige Mensch gezogen hätte, nämlich dass, wenn diese Ähnlichkeit wirklich vorhanden war, es sich eben um einen merkwürdigen Zufall handelte.

Im Übrigen aber war nach der Ansicht des Kriminalkommissars N.N. das plötzliche Verschwinden der Dame nicht ganz so sonderbar, wie es im ersten Augenblick wohl erscheinen mochte. Es lag sehr nahe anzunehmen, dass die Dame ganz von selbst aus der Ohnmacht wieder erwacht war und im ersten Augenblick sofort das Bestreben gehabt hatte, sich der für sie ja fraglos peinlichen Situation auf das schnellste und möglichst unbemerkt zu entziehen.

Wie die näheren Nachforschungen ergaben, schien diese Annahme sich zunächst auch zu bestätigen.

Es stellte sich nämlich schon bald heraus, dass es sich um eine Dame handelte, die im Hotel „Zum silbernen Schwan" auf der Durchreise durch Augustenburg abgestiegen war und sich als Anita Smith ins Fremdenbuch eingetragen hatte.

Der Portier behauptete, an jenem Abend bereits vor ihrem Ausgange den Befehl erhalten zu haben, das Gepäck zum Bahnhof zu bringen und den Gepäckschein auszuhändigen. Er wollte die Dame noch in später Stunde auf dem Bahnhof gesehen haben.

Der Hausknecht bestätigte die Aussage des Portiers und rühmte noch besonders die Güte und Feinheit ihres Reisekoffers, wie denn die Dame von den vornehmsten Manieren gewesen sei und reichlich Trinkgelder gegeben habe.

Die Polizei erklärte jedenfalls alle anderen Bekundungen der Zeugen als Hirngespinste und beschränkte sich darauf, die Wachsfigur zu beschlagnahmen.

Ein Beamter der Polizei äußerte noch etwas von grobem Unfug und meinte, dass es sich nicht lohnte, jedes Mal die Polizei zu benachrichtigen, wenn eine Dame, und noch dazu eine solche zweifelhafter Sorte, in Ohnmacht falle.

Zweites Kapitel

Auf den Spuren des Verbrechers

Ein Detektiv, wenn er wirklich Erfolge erzielen will, muss sich vor allem hüten, nach der einen oder anderen Seite voreingenommen zu sein, und wenn die Erregung der beteiligten Personen dieselben alles im vergrößerten oder verkleinerten Maßstabe sehen lässt, ist es seine Pflicht, das richtige Augenmaß wieder herzustellen und nach beiden Seiten abzuwägen.

Es war gewiss niemandem übelzunehmen, wenn er an das Gespenst im *chambre séparée* nicht glauben wollte, aber man brauchte darum noch lange nicht so weit zu gehen, die Erscheinung des Unbekannten einfach als ein Hirngespinst zu betrachten. Es ließen sich bei ruhiger und sachlicher Überlegung für die merkwürdigen Beobachtungen der Zeugen sicherlich auch ganz vernünftige Erklärungen finden. Schon allein der Umstand, dass das Zimmer sich zuerst in Dunkelheit befunden hatte, bot einen gewissen Fingerzeig dafür, dass die Wahrnehmungen der Zeugen höchst unsicher und unbestimmt gewesen waren. Wahrscheinlich hatte der Fremde, als die Tür geöffnet wurde, schon längst das Weite gesucht, und was die Leute, noch dazu offenbar in starker Erregung, in dem Zimmer gesehen haben wollten, war vielleicht nichts anderes, als das verzerrte Spiegelbild eines der Anwesenden, das sich in den Spiegelwänden des kleinen Zimmers widerspiegelte.

Aber selbst wenn der Verbrecher noch im Zimmer zugegen gewesen sein sollte, ließen sich dennoch für die sonderbare Art seines Verschwindens durchaus natürliche Erklärungen finden, wie etwa durch das Vorhandensein einer Tapetentür oder auch dadurch, dass er es eben doch verstanden hatte, noch im letzten Augenblick die allgemeine Verwirrung zu benutzen, um sich „unsichtbar“ zu machen.

Endlich ließen sich auch für das sonderbare Aussehen des unbekannten Verbrechers immerhin Erklärungen finden, ohne dass man von der Basis des Natürlichen abzugehen brauchte. Es wäre zwar ungewöhnlich gewesen, aber in Anbetracht der Karnevalszeit war es nicht ausgeschlossen, dass der Unbekannte sich das Gesicht nach Art eines Pierrots weißlich geschminkt und die Augen vielleicht mit jenen kleinen bunten Blechplättchen beklebt hatte, wie es die exzentrischen Artisten vielfach zu tun pflegen.

Man brauchte jedenfalls noch lange nicht an Gespenster zu glauben und konnte dennoch die Erscheinung dieses unheimlichen Fremden als eine Tatsache gelten lassen, wozu man umso eher genötigt war, da der Mann mit der rosa Maske ja auch schon vorher im Lokal im Gespräch mit der Dame gesehen worden war.

Über das Aussehen und die Gestalt dieses Mannes gingen freilich die Bekundungen im Einzelnen ziemlich auseinander. Während die einen nämlich behaupteten, dass er ein junger Bursche mit verlebten Zügen gewesen sei, behaupteten andere wieder, dass es sich um einen älteren Herrn mit blasiertem Gesicht gehandelt habe. Auch darüber waren die Leute sich nicht einig, ob dieser Herr einen Frack oder einen Smoking getragen hätte, einen schwarzen oder einen weißen Schlips, Lackstiefel oder Lackschuhe, ein weißes oder geblümtes Taschentuch, und nur darüber herrschte Einstimmigkeit, dass er mit einem Havelock und Zylinder bekleidet gewesen wäre, alles Beobachtungen, die nicht gerade von einer scharfen Wahrnehmung zeugten, so dass es schwierig erschien, danach die Kennzeichen festzulegen wie sie für die Erlassung eines Steckbriefes erforderlich waren.

Nur der Vollständigkeit halber sei noch die Aussage des Oberkellners erwähnt, der an jenem Abend den Herrschaften die Speisen zugetragen hatte.

Er machte einen ziemlich verwirrten Eindruck und wollte mit der Sprache nicht recht heraus. Er behauptete nämlich, gar nicht in dem separierten Zimmer gewesen zu sein, da ihm die Speisen gleich an der Tür aus der Hand genommen wären; außerdem habe ihn das Licht so geblendet, dass er gar nichts gesehen hätte. Aber der Oberkellner hatte offenbar nichts sehen wollen, denn er musste zugeben, ein hohes Trinkgeld empfangen zu haben, mit der Weisung, die Gäste ungestört zu lassen.

Umso mehr wollte dagegen der Pikkolo gesehen haben, und zwar durch das Schlüsselloch, welche Vorwitzigkeit diesem Schlingel ganz sicherlich zuzutrauen war. Aber was er sagte, erschien so unsinnig, dass niemand auf sein Gerede achtete. Er behauptete nämlich, dass nicht nur zwei Personen, sondern deren eine ganze Anzahl in dem Zimmer anwesend gewesen wären, die an einer wunderbaren herrlichen Festtafel gesessen und von goldenen Schüsseln mit goldenen Messern und Gabeln gegessen hätten. Ein ganzer Blumengarten hätte auf den Tischen gestanden und eine wunderbare Musik sei zu vernehmen gewesen. Er schwatzte noch ähnliches dummes Zeug, offenbar um sich wichtig zu machen oder vielleicht auch in jugendlicher Überspanntheit.

Nach Feststellung dieses Tatbestandes war es das Nächstliegende eine genaue Untersuchung des Zimmers vorzunehmen, in dem sich die mysteriösen Ereignisse abgespielt hatten.

Es handelte sich um ein kleines primitives und ziemlich geschmacklos eingerichtetes Zimmer, in dem sich ein abgenutztes Sofa, ein Tisch, und ein paar Stühle befanden, so wie man es vielfach in Lokalen findet, die leichtfertigen Liebespaaren Unterschlupf gewähren. Die Wände waren mit schadhaften Spiegelscheiben ausgestattet und mit künstlichen Papierblumen umrahmt. Ich stellte mit Sicherheit fest, dass die schadhaften Stellen des Spiegels tatsächlich vielfach eine recht merkwürdige und verzerrte Spiegelung zeigten, so dass meine Annahme, dass die ganze Geistererscheinung auf diese natürliche Weise zu erklären wäre, durchaus an Wahrscheinlichkeit gewann. An der Decke des Zimmers befanden sich primitive, mit der Schablone angefertigte Nachbildungen von Schmetterlingen, die etwas seltsam in diesem Raum anmuteten. Sorgfältig klopfte ich auch die Wände des Zimmers von oben bis unten ab, ohne jedoch irgendetwas Verdächtiges zu finden.

Sodann untersuchte ich den alten schadhaften Teppich auf das genaueste mit einer Lupe, da, wie jeder erfahrene Kriminalist es weiß, schon ganz kleine, dem normalen Auge unsichtbare Gegenstände, wie Stoffreste und Zigarettenasche sehr oft einen bedeutsamen Anhalt geben können.

Es ergab sich, dass der Teppich mit einer staubigen Schicht bedeckt war, die unter der Lupe ein seltsames Flimmern zeigte.

Ich weiß nicht, wie mir damals dieser sonderbare Gedanke

kam, aber es überfiel mich plötzlich die Vermutung, dass es Staub von Schmetterlingsflügeln wäre, was mich dazu veranlasste, eine Probe dieses Teppichstaubes in eine Schachtel zu tun und sie später einem chemischen Sachverständigen zu zeigen. Der Sachverständige erklärte jedoch diese Probe für ganz gewöhnlichen Dreck und Staub, der unter der Lupe in jedem Falle in allen Prismafarben zu schillern pflegt.

An demselben Tage vollzog ich dann noch die gleiche Untersuchung in dem Hotel „Zum silbernen Schwan“. Es gelang mir nur mit Mühe Zutritt zu den Zimmern zu erhalten, die jene Dame bewohnt hatte, da der Direktor des Hotels befürchtete, dass der Ruf seines Hauses durch diese Angelegenheit noch Schaden leiden könnte. Ich musste ihm jedenfalls ausdrücklich versprechen, die Angelegenheit dezent und vorsichtig zu behandeln.

Nach längerem Suchen fand ich zunächst unter dem Bett eine Haarnadel, die dort wahrscheinlich schon recht lange Zeit gelegen hatte und wohl kaum zu dieser Angelegenheit in Beziehung gebracht werden konnte, da Damen von Welt wohl schwerlich noch Haarnadeln besitzen. Dagegen fand ich zwischen Bett und Nachttisch den Fetzen eines Spitzentaschentuchs, das dem feinen Parfümgeruch nach schon eher der bewussten Dame gehören konnte.

Auf alle Fälle beschloss ich sofort einen Versuch zu machen, ob vielleicht ein Polizeihund an diesem Objekt eine Witterung nehmen würde.

Der vierbeinige Detektiv, den ich mir zu diesem Zwecke lieh, nahm tatsächlich wider mein Erwarten an dem Tuch eine scharfe Witterung und verfolgte die Spur, die Nase tief auf der Erde, von dem Hotel zunächst zur „Goldenen Nachtmütze“. Mit sicherem Instinkt wusste das brave Tier auch das richtige Zimmer in der „Goldenen Nachtmütze“ zu finden, in dem sich die sonderbaren Vorgänge abgespielt hatten. Nach einiger Unsicherheit verfolgte es sodann eine neue Spur, die von der „Goldenen Nachtmütze“ geradenwegs durch die lebhaftesten

Straßen der Stadt bis zu einer Litfaßsäule führte, die sich dort gegenüber dem „Café“ Ausblick“ befindet.

Hier versuchte der Hund sonderbarerweise zuerst auf die Litfaßsäule hinaufzuklettern, um nach einigen vergeblichen Versuchen plötzlich auf seltsame Weise beunruhigt zu werden. Das Tier kniff den Schwanz zwischen die Hinterbeine ein, stieß ein klägliches Winseln aus und war durch nichts mehr zu bewegen, sich von neuem der Litfaßsäule zu nähern.

Ich konnte mir das Verhalten des Hundes natürlich nicht erklären, musste aber ohne die Hilfe des tierischen Instinktes von jeder weiteren Verfolgung Abstand nehmen.

Um keine Spur außer Acht zu lassen, begab ich mich schließlich noch zu dem Arzt, der die Bewusstlose an jenem Abend behandelt hatte.

Ich fand einen alten sympathischen Herrn von jener Sorte, wie sie noch Rezepte verordnen, die vor mehr als hundert Jahren gebräuchlich waren und damit verhältnismäßig nur geringen Schaden anzurichten pflegen.

Der alte Herr, der von einem unverwüstlichen Optimismus besessen zu sein schien — wahrscheinlich, weil er wusste, dass gegen den Tod kein Kraut gewachsen ist —, erklärte mir lächelnd, dass an diesem Falle gar nichts Besonderes wäre, Die Dame, die er an jenem Abend behandelt hätte, sei durchaus lebendig gewesen, wenn auch von einem recht hartnäckigen Starrkrampf befallen, wie ein solcher Stunden, ja sogar Tage dauern könne, um sich plötzlich wieder ganz von selbst zu lösen.

Bei dem heutigen Stande der ärztlichen Wissenschaft seien alle diese Dinge durchaus nicht unerklärlich oder sonderbar. Man könne vielfach auch auf Jahrmärkten männliche und weibliche Personen sehen, die sich ohne fremde Einwirkung, nämlich durch Autohypnose in einen solchen Zustand der Starre zu versetzen verständen, dass das schaulustige Publikum vielfach im Zweifel bleibe, ob es einen lebendigen Menschen oder eine künstliche Wachspuppe vor sich habe. Dabei könne dieser Zustand auch auf automatisch erscheinende Bewegungen und stoßweise Sprachäußerungen ausgedehnt werden.

Worauf nun in diesem besonderen Falle der Starrkrampf zurückzuführen sei, darüber könne er sich natürlich nur in Vermutungen ergehen, aber es wäre sicherlich nicht von der Hand zu weisen, dass eine Einwirkung von fremder Seite stattgefunden hätte, wie es denn auch möglich sei, dass der Hypnotiseur in der Hypnose den sogenannten posthypnotischen Befehl erteilt hätte, dass sich die hypnotisierte Person später an nichts mehr erinnern dürfte und sich nach dem Erwachen sofort und heimlich zu entfernen habe.

Ein solcher posthypnotischer Befehl wäre durchaus geeignet, die spätere Verfolgung des Attentäters unmöglich zu machen oder jedenfalls sehr zu erschweren. Der Verbrecher sei sicherlich in den Kreisen der berufsmäßigen Artisten und Hypnotiseure zu finden.

Drittes Kapitel

Mister Jonathan Smith aus U.S.A.

Mit diesem Besuch beim Arzt waren zunächst alle Nachforschungen erschöpft.

Es schien der Versuch einer Verschleppung, wenn nicht eines schwereren Verbrechens vorzuliegen, aber der unheimliche Verbrecher war offenbar noch im letzten Augenblick in seinem Vorhaben gestört worden.

Der Fall schien keine Besonderheiten mehr zu bieten, als plötzlich eine Wendung eintrat, die das Ereignis in der „Goldenen Nachtmütze“ in einem ganz anderen Lichte erscheinen ließ.

Aus New York kam nämlich das Schreiben eines Mr. Smith, der sich nach dem Verbleib seiner Tochter erkundigte, die als letzte Adresse Augustenburg angegeben hatte und seitdem verschollen war. Mehrere Briefe kamen unbeantwortet wieder zurück und es erfolgten deshalb durch das amerikanische Konsulat bei der Augustenburger Behörde Anfragen nach dem Verbleib dieser Tochter.

Es war kein anderer als der in Angst versetzte Vater jener Dame, die seinerzeit in der „Goldenen Nachtmütze“ den sonderbaren Unfall erlitten hatte, von dem diese Anfragen ausgingen, Und der zugleich jede beliebige Summe für eine sichere Nachricht über seine Tochter aussetzte.

Mr. Smith war nämlich der bekannte Milliardär und frühere Schweineschlachter Mr. Jonathan Smith, Inhaber des Fleischtrusts Smith & Brothers. Die vermisste Tochter aber war der verwöhnte Liebling der New Yorker Gesellschaft, im engeren Kreise ihrer Bekannten vielfach auch nur Miss Florida genannt, die nicht nur durch ihre außergewöhnliche Schönheit, sondern besonders auch durch ihre exzentrischen Einfälle selbst unter der Aristokratie der Fifth Avenue Aufsehen und Bewunderung erregte.

Sie hatte es sich zuletzt noch in den Kopf gesetzt, ganz allein durch Europa zu reisen, ihr neuester exzentrischer Einfall, der leider einen so unglücklichen Ausgang nehmen sollte, denn es konnte wohl nun nicht länger zweifelhaft sein, dass ihr Verschwinden nicht, wie man zuerst angenommen hatte, ein freiwilliges war, sondern dass jener sonderbare Verbrecher Gelegenheit gefunden hatte, sein schändliches Vorhaben noch nachträglich zu vollenden.

Er musste an jenem Abend, während man ihn suchte, sich noch in der „Goldenen Nachtmütze" versteckt gehalten oder seinem Opfer auf der Straße aufgelauert haben. Es war kein anderer Grund ersichtlich, weshalb Miss Florida ihren Aufenthaltsort noch länger geheim halten sollte.

Fieberhafte Anstrengungen der Behörden setzten nun endlich im verdoppelten Maße ein, um das anfänglich Versäumte nachzuholen. Belohnungen wurden auf das Wiederfinden der Verschwundenen ausgesetzt, wie man sie in solcher Höhe bisher noch niemals gekannt hatte. Unzählige Razzien und Haussuchungen wurden in Augustenburg veranstaltet und eine große Anzahl lichtscheuen Gesindels dabei aufgestöbert, aber von der Verschwundenen fand sich keine Spur.

Nach etwa acht Tagen erschien Mr. Jonathan Smith, dem natürlich die schnellsten Beförderungsmittel zur Verfügung standen, selbst auf der Bildfläche in Augustenburg, und von nun an nahm die Angelegenheit in gerader Linie den schon mehrfach angekündigten äußerst phantastischen Verlauf.

Mr. Jonathan Smith war ein kleiner vierschrötiger Mann von etwa fünfzig Jahren. Er besaß einen kahlen kugelförmigen

Kopf, unter dessen Schädeldecke es schwerlich auch dem stärksten Hellseher gelungen wäre, etwas anderes als Zahlen oder gelöste Rechenaufgaben zu entdecken. Dennoch war dieser Mann sicherlich eine viel phantastischere Erscheinung als jene Leute, die vermöge lockiger Haarschöpfe, großer Pelerinen und Schlapphüte, vielfach als der Gipfel der Phantastik gelten. Gerade seine kalte Geschäftsmäßigkeit hatte etwas sonderbar Gespenstisches.

Er begann sofort auf eigene Hand Ermittlungen anzustellen und ging dabei mit einer Geschäftsgewandtheit und Umsicht vor, die mich alten Praktikus in Erstaunen setzte. Mr. Smith verschaffte sich sofort die Adressen sämtlicher Personen, die an dem Abend in der „Goldenen Nachtmütze“ zugegen gewesen waren, und ließ es sich nicht verdrießen alle Zeugen einzeln aufzusuchen, um sie immer wieder nach den kleinsten Details ihrer Beobachtungen auszufragen. Er hatte zahlreiche Fotografien seiner Tochter mitgebracht, darunter einige, die sie im Schmuck des diamantenen Schmetterlings und des Perlenkolliers mit dem Skarabäus zeigten. Künstliche Schmetterlinge und Skarabäen waren nämlich damals die große Mode in Amerika.

Es ergab sich sehr bald, dass alle Zeugen mit Bestimmtheit jene Dame aus der „Goldenen Nachtmütze“ als die Tochter des Herrn Smith nach den Fotografien wiedererkannten, wie auch umgekehrt Herr Smith aus den Angaben der Zeugen genügend Anhaltspunkte fand, um die sichere Überzeugung zu gewinnen, dass es sich um niemand anders als seine Tochter handelte, eine Gewissheit, die ihn tief erschütterte.

Es war deutlich zu sehen, dass dieser Mann unter dem Verlust seiner Tochter schwerer litt, als man es von diesem smarten Geschäftsmanne erwartet hätte.

Er schien in seiner Brust nur eine einzige empfindliche Stelle zu besitzen, nämlich die Liebe zu seiner Tochter, die ihm auf so unheilvolle Weise entrissen war.

Aber ich hätte trotzdem nicht geglaubt, dass diese kalte Rechenmaschine einer so tiefen Empfindung fähig war, dass ganz offenbar der Verstand dieses Mannes zu leiden begann und sich schließlich Anzeichen eines unzweifelhaften Wahnsinns einzustellen begannen.

Ich war Mr. Smith schon verschiedentlich bei seinen Bemühungen um das Wiederfinden der Tochter zur Hand gegangen und erfreute mich deshalb seines ganz besonderen Wohlwollens. Es überraschte mich deshalb keineswegs, dass er mich eines Abends unerwartet in meinem Büro aufsuchte.

Umso erstaunter war ich freilich, als er mir nach einigen höflichen Redensarten plötzlich sehr ernst und feierlich erklärte, dass er seine Tochter nunmehr wiedergefunden hätte.

Er schnitt mir alle Fragen kurzweg ab und forderte mich auf, ihn auf der Stelle zu begleiten.

In begreiflicher Erregung folgte ich ihm durch die schon abendlich erleuchteten Straßen der Stadt, indem ich mich stillschweigend ganz seiner Führung überließ.

Mit großer Sicherheit lenkte er seine Schritte durch das Getriebe der belebten Straßen bis in jene altertümliche Gegend, die als ein Wahrzeichen des Mittelalters, sich gar nicht weit vom Mittelpunkt der Stadt befindet.

Ein jeder Einwohner von Augustenburg kennt ja die rote Abendgasse. Die Pflastersteine sind dort holperig und die Straßen so eng, dass sich die Nachbarn aus den gegenüberliegenden Fenstern die Hände reichen können. Windschief ragen die Häuser zum Himmel und lehnen sich mit morschen Armen aneinander, von Erinnerung und Sorgen schwer. Altes Gemäuer ist dort noch zu finden, überwölbte Gänge mit steinernen Figuren, die Inschriften und Wappenschilder an den Sockeln tragen. Alte Ratsherren stehen darauf und stille Mönche halten steinerne Rosenkränze in den Händen, während Engelsgesichter und Teufelsfratzen aus den steinernen Ornamenten der alten Kirche auf sie niederblicken.

Es war mir unverständlich, was Mr. Smith in dieser Gegend suchte, aber er führte mich, ohne einen Augenblick zu zögern, geradeswegs zu einem recht unscheinbaren Barbierladen, in dessen kleinem Schaufenster inmitten eines recht primitiven Lockenwaldes, der in der Perspektive schadhafter Spiegel widerschien, sich eine jener aufgeputzten wächsernen Damen ohne Unterleib befand, wie sie allgemein in den Friseurgeschäften zum Anreiz für die Vorübergehenden und zur Anpreisung kosmetischer Pflege und mehr oder minder hoher Haarkünste dienen.

Mr. Smith blieb plötzlich vor diesem Fenster stehen und starrte wie fasziniert auf die alte Attrappe, die jedenfalls schon eine längere Wachsfigurenlaufbahn hinter sich hatte, und durchaus nicht in der Lage war, etwa in einen Wettbewerb der Schönheit mit jenen modernen Wachsfiguren zu treten, wie sie jetzt immer zahlreicher und in einer immer luxuriöseren Ausstattung die Schaufenster der Großstadt bevölkern.

Ich weiß nicht, woran es liegen mag, aber es befällt manchen Menschen angesichts solcher wächserner Gestalten ein gewisses Grauen, das wahrscheinlich durch die Verbindung des Leblosen mit der Maske des Lebendigen hervorgerufen wird, und das noch viel stärker im Angesicht einer alten und unmodernen Wachsfigur sich auszuwirken pflegt, als im Anblick der frisch gepuderten und geschminkten Attrappen des modernen Straßenbildes, deren Ähnlichkeit mit der lebendigen Erscheinung vielleicht schon eine so große ist, dass der Unterschied kaum noch im Bewusstsein sich geltend macht.

Ich muss jedenfalls zugeben, dass mir im Anblick dieses wächsernen Bildnisses selber einen Augenblick lang recht seltsame Ideenassoziationen kamen. Schauergeschichten von lebendigen Mumien, von Scheintoten und anderen Geheimnissen eines Wachsfiguren-Kabinetts wollten vielleicht einen Augenblick in mir lebendig werden, worauf sicherlich auch die seltsame Erregung des Mr. Smith von Einfluss war, der immer noch fasziniert auf die alte Wachsfigur starrte.

Allein diese Ideenassoziationen, die sich sicherlich auch irgendwie mit der Vorstellung der möglichen Lebendigkeit dieser Figur verknüpften, waren doch nur eine kleine augenblickliche Schwäche, deren ich mir sofort als solcher bewusst wurde, als ich zu meinem Schrecken erfuhr, worauf Mr. Smith eigentlich hinauswollte.

„Sehen Sie den diamantenen Schmetterling und das Perlenkollier mit dem Skarabäus?"

In der Tat trug die Figur auf dem Scheitel einen Schmetterling aus Glasbrillanten und eine recht primitiv nachgebildete Perlenkette mit einem Skarabäus.

„Das ist meine Tochter," sagte Mr. Smith, „ich habe sie endlich wiedergefunden."

Es war klar, dass Mr. Smith sich in einer äußerst bedenklichen geistigen Verfassung befand. Er war über den Verlust seiner Tochter und die vielleicht zufällige Ähnlichkeit dieser Wachspuppe einfach tiefsinnig geworden.

„Kommen Sie, Mr. Smith," sagte ich fest und bestimmt, „wir werden sofort die Polizei benachrichtigen."

Es war die höchste Zeit, dass ich ihn mit mir zog, denn es hatten sich bereits Neugierige gesammelt, denen unser Gebaren aufgefallen war.

Ich überlegte, ob sofortige ärztliche Hilfe nötig war, aber da er sich ganz ruhig und gefasst verhielt und da man bekanntlich gut tut, derartige Kranke nicht durch Widerspruch zu reizen, brachte ich ihn wieder in sein Hotel zurück, indem ich annahm, dass dieser Anfall sich am ehesten wieder geben würde, wenn man möglichst wenig Notiz davon nahm und alle einschneidenden Maßnahmen zu verhindern suchte.

Leider sollte ich bald erfahren, dass sich der Zustand des Mr. Smith statt besser zu werden noch ganz erheblich verschlimmert hatte.

Schon am nächsten Abend erschien ganz aufgeregt der Kriminalkommissar N. N. bei mir und berichtete eine so sonderbare Geschichte, dass ich nicht wusste, ob ich wachte oder träumte.

Mr. Smith hatte mit der dem Monomanen eigenen Starrsinnigkeit an der einmal gefassten Idee unentwegt im Stillen festgehalten und dieselbe sogar noch weiter ausgesponnen.

Er hatte sich gleich am nächsten Vormittag in das Friseurgeschäft begeben, um die wächserne Figur, die er für seine Tochter hielt, käuflich zu erstehen.

Da dieser wächserne Torso ihm aber noch nicht genügte, war er auf den seltsamen Einfall verfallen, den zur Wachsfigur gehörigen Rumpf und die fehlenden Gliedmaßen sich einzeln und in einer sorgfältigen Auswahl, die in jeder Beziehung der Gestalt seiner wirklichen Tochter entsprach, aus verschiedenen Korsett-, Handschuh- und Strumpfgeschäften zu beschaffen, in deren Schaufenstern man ja häufig solche mit Handschuhen, Florstrümpfen oder Strumpfbändern bekleidete Attrappen von menschlichen Gliedern sehen kann, die zur größeren Anschaulichkeit und zum besonderen Kaufanreiz der ausgestellten Waren dienen.

Wenn dieses schon Wahnsinn war, so hatte es doch sicherlich Methode.

Mr. Smith schien offenbar der Ansicht zu sein, dass er die zerstückelten Glieder seiner Tochter einzeln wieder zusammensuchte, was auch nach seiner Methode einige Mühe verursachte, da die Geschäftsleute vielfach die Attrappen nicht hergeben wollten und es hoher Summen bedurfte, um sie trotzdem dazu zu bewegen.

Nachdem es ihm gelungen war, die passenden Gliedmaßen herauszufinden und zusammenzustellen, ließ er der Attrappe eine kosmetische Pflege angedeihen, stattete sie mit allem nur erdenklichen Luxus aus und versah sie schließlich mit einem

Mechanismus von solcher Kunstfertigkeit, dass, wenigstens nach der Ansicht des Kriminalkommissars, so leicht niemand auf den Gedanken kommen konnte, dass diese Attrappe nicht ein lebendiges Wesen wäre.

Wie es Mr. Smith möglich gewesen war, die einzelnen Teile der Attrappe zusammenzusetzen, und woher er den inneren Mechanismus der Puppe bezogen hatte, darüber konnte der Kommissar keine Angaben machen. Er vermutete aber, dass der seltsame Mr. Smith den Mechanismus schon aus Amerika mitgebracht hätte, wo man in der Herstellung solcher künstlichen Attrappen bereits viel fortgeschrittener sei als in Europa.

„Aber überzeugen Sie sich selbst,“ so schloss der Kommissar seinen sonderbaren Bericht, „Herr Smith und Tochter geben sich die Ehre, Sie zum Tee zu bitten, beide Herrschaften gedenken bereits heute Abend die Rückreise nach Amerika anzutreten.“

Ich zögerte keinen Augenblick dieser seltsamen Einladung Folge zu leisten und begab mich stehenden Fußes mit dem Kommissar in das Hotel des Herrn Smith.

Viertes Kapitel

Der sonderbare Wahn des Mr. Smith

Im Hotel schien man uns bereits erwartet zu haben, denn wir wurden sofort von Mr. Smith empfangen. Er war sichtbar in guter Laune und befand sich in Gegenwart der vermeintlichen Tochter, die in graziösester Haltung und mit einem bezaubernden Lächeln auf den Lippen wie hingegossen in einem Sessel lehnte.

Sie trug auf dem Scheitel den diamantenen Schmetterling und um den Hals die Perlenkette mit dem Skarabäus, Schmuckstücke von hohem Wert, deren Echtheit auch ein Nichtsachverständiger sofort erkennen musste. Ihre Toilette, die in allen Regenbogenfarben schillerte, ohne jedoch aufdringlich oder unfein zu wirken, war aus dem ersten Geschäft der Stadt bezogen.

Man sah es ihr sofort an, dass sie ein zartes und nervöses Geschöpf war, das sorgsamer Pflege und Hygiene bedurfte. Sie war frisch gepudert und geschminkt, sowie auf das sorgfältigste frisiert. Auf ihrem Schoße lag ein aufgeschlagenes Buch, als wenn sie gerade gelesen hätte.

Mr. Smith, seine Rolle mit Bedacht und Raffiniertheit spielend, stellte mich umständlich der Dame vor, wobei er einige schmeichelhafte Bemerkungen über meine Fähigkeiten und Talente anbrachte.

Ich benahm mich durchaus korrekt und ging auf die Komödie mit dem feierlichsten Ernst ein. Ich muss gestehen, dass mir das gar nicht so schwer wurde, als ich in ein Paar wunderbare blaue Augen blickte, deren leblose Leerheit durch die Beweglichkeit der Wimpern fast völlig ausgeglichen wurde. Ich hatte wirklich nicht erwartet, mich einem so vollendeten Kunstwerk gegenüber zu befinden, dem sogar die menschliche Sprache, wenn auch nur in einigen Redensarten zur Verfügung stand.

„Wir freuen uns, Sie zu sehen," sagte die Dame mit vornehmem Anstand und jener Zurückhaltung, wie sie nur die Umgangsformen der besten Kreise mit sich bringen.

Obgleich ich mit Bestimmtheit versichern kann, dass Mr. Smith sie nicht berührte, also auch keinen Hebel in Bewegung setzte oder eine Feder drückte, so erhob sie sich dennoch nach einer kleinen Weile ganz allein von ihrem Sitz und unternahm einige trippelnde Schritte, wobei sie im Gehen hin und wieder den Kopf bewegte und abwechselnd den rechten und linken Arm erhob, mit jener graziösen Bewegung der Hände und Spreizung der Finger, wie sie ähnlich in der Haltung der Mannequins zum Ausdruck kommt.

Sie verhielt sich sonst ziemlich schweigsam, wie sich das für eine junge Dame schickt, verfolgte aber die angestellte Konversation mit Aufmerksamkeit und scheinbarem Verständnis, indem sie manchmal zustimmend nickte, manchmal aber lächelnd den Kopf schüttelte.

Als der Kellner den Tee servierte und der Gastgeber uns aufforderte, die Plätze einzunehmen, erwartete ich, dass Mr. Smith, um die bewirkte Illusion nicht zu stören, die Puppe nunmehr unauffällig entfernen würde.

Zu meiner höchsten Verwunderung aber reichte er der sonderbaren Tochter den Arm und führte sie ohne Schwierigkeit zum Teetisch, wo sie an meiner Seite Platz nahm und sich wie von ihrem Vater den Tee einschenken und den Kuchen auf den Teller legen ließ.

Ich muss sagen, dass die Vollkommenheit dieser Puppe denn doch meine Erwartungen ganz erheblich übertraf und mich immer mehr in Staunen und Verwunderung versetzte.

Es ist mir das selber kaum fasslich, aber es ist gewiss, dass ich gesehen habe, wie sie den Kuchen zum Munde führte und die Bewegungen des Kauens vollzog, sowie hin und wieder kleine Schlückchen aus der Teetasse schlürfte.

In einem unbeobachteten Augenblick versuchte ich heimlich ihre Hand zu streifen, wobei ich feststellte, dass die Haut sich kühl und fest anfühlte, ein Umstand, der keineswegs geeignet war die bereits vorhandene Illusion zu stören, da eine feste und kühle Haut, weit entfernt davon ein Mangel zu sein, vielmehr als ein besonderer Vorzug schöner Damen gilt.

Als ich gleich darauf leise ihren Fuß zu berühren versuchte, bemerkte ich deutlich, dass der Fuß zurückgezogen wurde, und es war mir dabei, als wenn die Dame leicht errötete. Doch muss ich mich in dieser Beziehung getäuscht haben, da eine Regung der Scham wohl doch nicht auf mechanische Weise verursacht werden kann.

An weiteren Annäherungsversuchen hinderte mich leider die Wachsamkeit des Mr. Smith, der trotz aller Vorsicht meine Absichten bemerkte und durch seine korrekte Haltung mich sofort in die gehörigen Schranken zurückverwies.

Übrigens schien er den kleinen Übergriff sehr schnell verziehen zu haben und in Wirklichkeit sogar darüber erfreut zu sein, dass seine Tochter einen derartig natürlichen Eindruck auf mich machte.

Nach dem Tee wurden Zigaretten gereicht, und auch die Tochter rauchte eine Zigarette aus einer etwas ungewöhnlich langen Zigarettenspitze. Ich sah deutlich, wie sie den Rauch aus dem schöngeformten Mund blies, der wahrscheinlich auf chemische Weise erzeugt wurde und hatte dabei Gelegenheit ihre prächtigen künstlichen Zähne zu bewundern.

„Du sollst das Rauchen lassen," schalt der Vater, „Du weißt, dass es Deiner Stimme nicht zuträglich ist." Die Tochter lächelte jedoch nur überlegen und blies von neuem den Rauch in schönen Ringen aus dem Mund.

Der Vater schien gewohnt zu sein, dass seine Wünsche von der Tochter nicht beachtet wurden. Er begann gleich darauf von ihren großen Talenten zu erzählen, wobei er erwähnte, dass sie auch der Kunst des Gesanges mächtig sei.

Da sich in dem Zimmer ein Klavier befand, bat ich die Tochter, von dieser Kunst doch eine kleine Probe zu geben, indem ich mich selbst zur Begleitung erbot. Die Tochter ließ sich erst ein wenig bitten, begab sich dann aber ohne jegliche

Hilfe zum Klavier, um die Noten herauszusuchen.

Sie wählte das Lied von Bohm „Still wie die Nacht, tief wie das Meer, soll deine Liebe sein“.

Sie atmete deutlich und hörbar in durchaus korrekter Atemführung und verfügte über eine technisch gut geschulte, wenn auch nicht sehr große Stimme, deren Wohlklang nur wenig durch Nebengeräusche gestört wurde.

Für ein geübtes Ohr war freilich die Grammophonplatte sofort herauszuhören, aber für weniger kritische Zuhörer wurde die Täuschung dadurch nahezu vollkommen, dass sie hin und wieder wie verzückt die Augen aufschlug, und ihr Busen wie von einem inneren Gefühl beseelt sich deutlich hob und senkte.

Am Schluss des Liedes entglitten ihr die Noten wie schwebend aus der Hand, was vielleicht nur auf einen kleinen mechanischen Fehler zurückzuführen war, sonst aber durchaus in die Stimmung des Liedes passte. — —

Aber der Leser wird mir vielleicht nicht länger folgen wollen, sondern glauben mit dieser Schilderung mystifiziert zu werden, indem ihm statt des wahrheitsgemäßen Berichtes eines der sonderbarsten Kriminalfälle ein Lügenmärchen aufgetischt wird, so wie es die Romanschriftsteller sich ersinnen, wenn sie mit unmerklichen Kunstgriffen allmählich eine Puppe lebendig werden lassen.

Dem gegenüber muss ich von neuem betonen, dass es sich um eine wirkliche und wahrhaftige Begebenheit handelt, die nichts mit romanhaften Lügen zu tun hat. Und so soll denn auch ausdrücklich festgestellt werden, dass eine solche künstliche Erweckung nicht in Frage kommt. Die Tochter jenes Mannes war eine Puppe und blieb eine Puppe, wenn auch als solche ein recht gelungener menschenähnlicher Automat.

Wenn aber andererseits jemand bezweifeln sollte, dass es Kunstwerke von solcher Vollendung gibt, so ist der Betreffende offenbar nicht darüber unterrichtet, dass vermittels technischer Künste bereits in früheren Zeiten erstaunliche „Androiden“ und „Figurinen“ hergestellt wurden, die täuschend das menschliche Gebaren nachzuahmen verstanden.

Schon aus dem griechischen Altertum wird berichtet, dass der berühmte Mechaniker Dädalus, der sich mit der Entdeckung eines motorlosen Flugapparates bereits vor einigen Jahrtausenden ernstlich beschäftigte, auch wandelnde Figuren herzustellen verstand, die die Augen öffneten und die Arme bewegten. Von Albertus Magnus wird berichtet, dass er einen

„Androiden“ besaß, den er in dreißigjähriger Arbeit erschaffen hatte, und der imstande war, die Tür zu öffnen und die Ankommenden mit einem Willkommensgruß zu empfangen.

Noch Großartigeres leistete der Mechaniker Jack de Vaucason, der Enten herstellte, die schnatterten, mit den Flügeln schlugen und sogar Nahrung zu sich nahmen, die sie verdaut wieder von sich gaben.

In neuerer Zeit sind der Herstellung solcher „Androiden“ und ähnlicher Kunstwerke infolge der Fortschritte der Technik kaum noch irgendwelche Grenzen gesetzt. In Paris werden bereits vielfach künstliche Mannequins benutzt. Die Modellpuppen in den Schaufenstern erheben sich plötzlich von ihren Sitzen und spazieren im Schaufenster hin und her, so dass die Zuschauer nicht mehr wissen, ob es lebendige Personen oder nur Attrappen sind.

In Amerika bedient man sich schon seit längerer Zeit des Radioarbeiters und des Radioschutzmannes, der Scheinwerferaugen besitzt, Telegraph und Rundfunk in sich vereinigt, über mehr Kräfte als hundert Menschen verfügt und dazu niemals streikt oder auffällig wird.

Auch künstliche Ärzte gibt es dort schon, die kein Hörrohr brauchen, sondern die Schläge des Herzens und die Vibration des Gehirns mechanisch und elektrisch registrieren, auf welche Weise viel bessere Diagnosen gestellt werden, als die menschlichen Ärzte dazu imstande sind.

Desgleichen gibt es künstliche Apotheker, oder vielmehr eine Kombination von Apotheker und Arzt, bestehend in einer als Mensch verkleideten „Androide“, die für jedes Leiden die entsprechende Medizin gleich bei sich trägt und für wenig Geld herausgibt, wenn man nur an der genau entsprechenden Stelle, wo sich gerade das Leiden befindet, an der „Androide“ auf einen Knopf drückt.

Gerade in neuester Zeit aber wird aus Amerika gemeldet, dass man nunmehr endlich den elektrischen Menschen erfunden hat, der keineswegs mechanisch durch ein Knopfdrücksystem in Bewegung gesetzt zu werden braucht, sondern bereits selbsttätig menschliche Lebensäußerungen von sich gibt. Ein solcher elektrischer Mensch reagiert nämlich auf bestimmte Schallwellen, die ganz von selbst bestimmte Funktionen in Tätigkeit setzen, genau wie bei den wirklichen Menschen, nur mit dem vorteilhaften Unterschied, dass dieser elektrische Mensch keine Ausflüchte und Widerreden macht.

*

Es ist mir nicht bekannt geworden, ob die angebliche Tochter dieses Amerikaners auch noch anderer Künste als der bereits geschilderten fähig war, und wieweit sie einen lebendigen Menschen bereits völlig ersetzen konnte. Tatsache ist jedenfalls, dass sie Konversation zu führen verstand, dass sie essen und trinken, sowie rauchen und singen konnte, wobei sie eine solche Disziplin der Bewegungen einzuhalten und einen solchen Anstand zu wahren wusste, wie man es sonst nur bei Damen der höchsten Gesellschaftskreise findet.

Es wollte mich mehrere Male beim Anblick dieser Puppe ein wahres Grauen anwandeln, aber noch unheimlicher erschien mir der sonderbare Vater, und ich überlegte immer wieder, ob er auch wirklich glaubte, seine Tochter vor sich zu haben oder was ihn sonst zu diesem unheimlichen Spiel bewegen mochte. Ich bin schließlich zu der Ansicht gekommen — es ist dies allerdings nur eine Vermutung von mir —, dass Mr. Smith doch wohl selbst nicht glaubte, dass diese Wachsfigur seine Tochter wäre, dass er aber in echt amerikanischer Schlauheit sich selbst belog und seiner eigenen Seele eine Komödie spielte, um die Gewalt des Schmerzes über den Verlust seiner Tochter abzulenken, der ihn sonst, wie er selbst wohl fühlen mochte, unfehlbar dem Wahnsinn in die Arme geführt hätte.

Die Seele eines Amerikaners weiß sich eben in allen Fällen zu helfen.

*

Wir hatten jedenfalls genug gesehen und als inzwischen gemeldet wurde, dass das Auto der Herrschaften bereits vorgefahren wäre, gedachten wir uns zu verabschieden, um die Herrschaften bei den Vorbereitungen zur Abreise nicht zu stören.

Mr. Smith forderte uns jedoch auf, noch einen Augenblick im Hotelvestibül zu warten, da alle Vorbereitungen zur Reise schon getroffen wären, und er uns in wenigen Augenblicken folgen würde.

Es lag ihm offenbar daran, sich einen guten Abgang zu verschaffen und die bereits bewirkte Illusion noch zu verstärken.

Nach wenigen Minuten kam er auch wirklich mit der Tochter am Arm die Treppe des Hotels herunter. Sie hatte das Gesicht verschleiert und einen Reisemantel übergeworfen, der ihr entzückend stand. Alles in allem gewährte sie den Anblick einer mondänen Erscheinung, einer wirklichen Dame von Welt.

Während der Portier das Reisegepäck besorgte und einige Bediente in achtungsvoller Entfernung standen, so wie es in einem erstklassigen Hotel bei der Abreise prominenter Gäste üblich ist, tauschten wir noch einige verbindliche Redensarten aus und wünschten den Herrschaften eine glückliche Reise.

Am Portal des Hotels, wo bereits ein uniformierter Diener die Tür der prächtigen Limousine geöffnet hielt, vollzog sich alles mit vornehmer Selbstverständlichkeit. Wenn einige Passanten einen Augenblick stehenblieben, so war der Anlass dazu nur die bekannte Neugier der Augustenburger, die dem prächtigen Auto galt und der vornehmen Toilette der tiefverschleierten Dame.

Aus dem fahrenden Wagen winkte uns der verrückte Amerikaner noch einmal zu, und auch die Tochter hatte sich leicht zur Seite gewandt und grüßte mit einem leichten Winken ihrer Hand.

In einer amerikanischen Zeitung stand kurze Zeit später zu lesen, dass die schöne und gefeierte Tochter des Milliardärs

Smith sich mit dem Boxer-Champion Knickerbocker verlobt hätte.

Ich erhielt bald darauf von dem glücklichen jungen Paar die Vermählungsanzeige, und die amerikanischen Zeitungen berichteten Wunderdinge über die Pracht und Üppigkeit der Hochzeitsfeier.

Es setzte mich das kaum noch in Verwunderung. Ich entnahm daraus nur, dass Mr. Smith es darauf angelegt hatte, seinen Wahnsinn auf die Spitze zu treiben, und dass er reich genug war, um sich auch einen Schwiegersohn zu kaufen.

Fünftes Kapitel

Der Geist auf der Litfaßsäule

Wenn auf diese Weise die Angelegenheit für Mr. Smith vermöge der künstlichen Puppe auch eine recht seltsame Erledigung gefunden hatte, so blieb es doch nichtsdestoweniger eine traurige Tatsache, dass die wirkliche Tochter dieses Mannes verschwunden war und verschwunden blieb, und dass der Verdacht eines geheimnisvollen Verbrechens sich eher noch verstärken als verflüchtigen wollte.

Sicherlich aber wären die wirklichen Geschehnisse dennoch niemals an das Tageslicht gekommen, wenn nicht schon bald nach der Abreise des Amerikaners ein neues, noch viel sonderbareres Ereignis eingetreten wäre, das alle bisherigen, immerhin schon nicht alltäglichen Ereignisse in den Schatten stellte und zugleich den Beweis erbrachte, dass jene Leute, die damals in der „Goldenen Nachtmünze“ so merkwürdige Dinge gesehen haben wollten, auch ohne besondere parapsychologische oder psychoanalytische Vorbildung, doch richtiger beobachtet hatten als die allzu Klugen und Gescheiten, die alles abstreiten und wegdisputieren wollten.

„Es gibt mehr Dinge zwischen „Himmel und Erde“ — —, aber das sagt heute je schon jeder Kehrrichtbeamte, wenn er in früher Morgenstunde die Mülleimer entleert — —.

„Die Natur kennt nur Gesetz und Regel“, so ähnlich sagt dagegen der Altmeister und Olympier Goethe, aber auch er muss gleich darauf hinzufügen: „Und dennoch spukt’s in Tegel“, wo nämlich zu jener Zeit, ähnlich wie heute, telekinetisch, ohne unmittelbare Berührung durch die Hände, Kartoffeln durch die Luft flogen.

Es sollen hier jedoch keine Kronzeugen angeführt werden, keine Parapsychologen oder Psychoanalytiker auf den Plan gerufen werden, sondern ich werde mich darauf beschränken, nur die Tatsachen für sich selber sprechen zu lassen, wie sie sich wirklich begeben haben.

Das Verhalten des Mr. Smith und die sonderbare Episode mit der künstlichen Tochter war allerdings nur wenigen bekannt geworden. Umso mehr aber war die Kunde von den Vorgängen in der „Goldenen Nachtmütze" in die Öffentlichkeit gedrungen und erregte die Gemüter nicht wenig.

Der Mann im Zylinder und Havelock mit der rosa Maske schien das Zeug zu haben, ganz ungewöhnlich populär zu werden, und je weniger die Polizei Interesse für ihn zeigte, umso mehr beschäftigte sich die Volksphantasie mit seiner Person. Die Augustenburger Einwohner waren freilich nicht geneigt, den Unbekannten für ein Gespenst oder ein Wesen von supranormaler Beschaffenheit zu halten. Die Augustenburger waren eben wirklich aufgeklärte Leute, und so hielten sie den Mann mit der rosa Maske für einen sehr gewiegten und gefährlichen Verbrecher, der sich noch immer in den Mauern der Stadt aufhielt und ungestraft in Augustenburg sein Wesen trieb.

Es gab Leute, die ihn erst neuerdings in der Roten Abendgasse gesehen haben wollten, während andere ihn sogar mitten im lebhaften Treiben der Hauptstraße bemerkt zu haben glaubten.

Die Gestalt des Mannes mit der rosa Maske begann allmählich in der Phantasie der Augustenburger furchtbarere Ausmaße anzunehmen, als selbst Jack the Ripper seinerzeit in London. Man hielt den Mann aus der „Goldenen Nachtmütze" für ein ähnliches Ungeheuer, zumindest aber für einen Mädchenhändler, der seine Opfer mit hypnotischen Mitteln an sich zu locken suchte.

Alle vermissten weiblichen Personen, deren es ebenso wie

in anderen Städten auch in Augustenburg eine ganze Reihe gab, wurden einfach auf sein Konto gesetzt, und es half wenig, dass die Polizei beruhigende Bekanntmachungen abgab und es für ausgeschlossen erklärte, dass jener Mann, wenn er überhaupt jemals existiert hätte, sich noch in den Mauern der Stadt befand.

Das Publikum fahndete bereits auf eigene Hand nach dem Verbrecher, so dass es gefährlich geworden war, sich im Havelock oder auch nur im Zylinder sehen zu lassen, da allein schon dieser Umstand genügen konnte, um vom Fleck weg verhaftet und auf die Polizei geschleppt zu werden.

Die Aufregung in Augustenburg hatte bereits ihren Höhepunkt erreicht, man schimpfte auf die Polizei und verlangte die Absetzung des Polizeipräsidenten; da trat jenes wirklich wundersame Ereignis ein, das den Fall der Anita Smith zu einem der außerordentlichsten aller Zeiten zu stempeln geeignet war, und in aller Welt das größte Aufsehen erregte.

Es muss hier zunächst der größeren Deutlichkeit wegen,

der Schauplatz des supranormalen Phänomens, denn um ein solches handelte es sich wirklich, des Näheren beschrieben werden.

Der Schauplatz des Phänomens war nämlich nicht etwa jene Rote Abendgasse, wo man in dunklen Ecken und Winkeln bei trüber und spärlicher Beleuchtung vielleicht etwas zu sehen glaubte, was dem helleren Lichte der elektrischen Bogenlampen nicht standhalten konnte, sondern der Schauplatz des Phänomens befand sich im Mittelpunkt der Stadt, wo ja die Lichterfülle mit so hellem Schein leuchtet, dass fast schon das Tageslicht erreicht wird.

Hier im Mittelpunkt der Stadt befindet sich das bereits erwähnte und vielbesuchte „Café Ausblick", in dessen unmittelbarer Nähe eine Litfaßsäule steht, die sich schon seit alten Zeiten einer besonderen Anziehungskraft erfreut.

Allabendlich vereinigen sich hier nämlich an der Litfaßsäule zur ganz bestimmten Stunde größere Scharen von Damen und Herren, die stundenlang um die Säule herumstehen oder den Promenadenweg immer wieder entlang gehen, der von der Litfaßsäule zu dem kleinen wellblechernen Häuschen führt, das hier gerade gegenüber dem Augustenburger Theater liegt.

Dem unbefangenen Beobachter könnte es vielleicht rätselhaft erscheinen, weshalb sich hier zur Stunde, wenn die Läden und Büros geschlossen werden, so zahlreiche Personen männlichen und weiblichen Geschlechtes zusammenfinden, die wie verhext an demselben Platze kleben.

Zwar kreuzen sich dort die Straßen von allen Enden der Stadt, und es fahren da viele Straßenbahnen vorüber, die an jener Stelle zu halten pflegen. Allein das Warten auf die Straßenbahn kann auch in den Abendstunden keineswegs ausschließlich das Zusammenströmen der Menschen an jener Stelle erklären, und so ist denn in Wirklichkeit auch noch ein anderer Grund dafür vorhanden.

Wie soll man es sagen? Diese Herren und Damen, die sich

an der Litfaßsäule zusammenfanden, — es waren die Epigonen jener kühnen Abenteurer, die einst in die blaue Weite fuhren, um die Schöne zu suchen, deren Bild sie ahnungsvoll im Herzen trugen; es waren eben jene Schönen, die den fahrenden Rittern einst vom hohen Balkone mit dem Tüchlein zugewinkt, oder sie nach langem Minnedienste wohl auch mit einem Kuss beschenkt, oder gar in verschwiegener Nacht in das Kämmerlein eingelassen hatten.

Zeit und Raum hatten die Ferne allmählich überbrückt und die trennenden Schranken niedergelegt. Die Damen waren von den hohen Balkonen herabgestiegen, und die Ritter schweiften nicht mehr in die Ferne, — an der Litfaßsäule traf man sich nach einigen Jahrhunderten wieder.

Freilich, — die Herrschaften hatten sich dabei ein wenig verändert. Wo waren die stolzen Gesten der Kavaliere, wo die schmachtenden Blicke und das schamvolle Erröten, wo der gesittete Anstand und die Tugend, die sie erst nach langem Minnedienst abzulegen pflegten?

Die Damen auf dem Platze vor dem „Café Ausblick“ taten alles andere als schamvoll erröten, halfen doch einige, deren Reize schon im Verblühen waren, mit kleinen aufmunternden Redensarten manchmal nach.

Die Männer aber dachten an alles andere als daran, Minnelieder zu singen oder den Degen für die Schöne zu ziehen.

Sie hatten sich eben im Laufe der Jahrhunderte sehr verändert.

Aber es ist das ja auch gänzlich gleichgültig, da es sich keineswegs darum handelt, genealogische oder sonstige Betrachtungen anzustellen, sondern nur darum, die Örtlichkeit genauer festzulegen, wo der Studiendirektor Lehmann am 29. Februar, einem Tage, den es bekanntlich nicht in jedem Jahre gibt, auf die Straßenbahn wartete und dabei eine recht sonderbare Beobachtung machte.

Der genannte Lehmann, Ordinarius der Obersekunda, ein

Pädagoge von ungewöhnlichen Fähigkeiten, dazu ein vorzüglicher Kenner des Ovidius Naso, stand wie gesagt am 29. Februar des Jahres 192.. unweit der soeben bezeichneten Litfaßsäule und wartete auf die Straßenbahn. Während er nun mit dem einen Auge nach der Straßenbahn sah, beobachtete er mit dem andern das Treiben der zahlreichen Liebespärchen, wobei sein Blick wie zufällig oberhalb der Litfaßsäule sieh wo sich ihm plötzlich ein ungewöhnlicher Anblick zeigte.

Er schaute nämlich gerade über der Litfaßsäule in ein rötlich zuckendes Licht, das von einem größeren grünlichen Kreis umgeben war, an den sich wieder ein Kranz von weißen Nebeln schloss.

Diese Erscheinung war an sich noch nichts Sonderbares. Es kann ein jeder über einer Laterne oder sonstigen leuchtenden Stellen, wenn er näher zusieht, ähnliche Lichterscheinungen feststellen, die nichts anderes sind als die Auswirkungen des Lichtes zu der sie umgebenden Dunkelheit.

Als aber der Studiendirektor Lehmann etwas länger in dieses zuckende Licht hineinsah, da gewahrte er mit einem Male lauter gelbe und rote, grüne und blaue Sonnen gleich künstlichen Feuerrädern, die in der Luft wie ein feuriger Regen sprühten und sich spiralenförmig in kleiner werdenden flammenden Kreisen gerade über der Litfaßsäule niederzusenken schienen.

Wie in einem riesigen Trichter verfingen sich hier die bunten Lichterfetzen von den unzähligen Fenstern der hellerleuchteten Häuser, vereinten sich mit den tanzenden goldenen Buchstaben der stammenden Reklameschilder und glitzernden Lichterstreifen, flossen zusammen mit den Strahlen des Mondlichtes und der elektrischen Bogenlampen, um geschwängert von den Gerüchen des Benzins und des Asphalts und durchsetzt von dem Staub der Straße, der ihnen fast Körperlichkeit zu leihen schien, in immer klareren bunten Farben sich gerade über der Litfaßsäule niederzusenken, als wenn sie magisch von dieser Stelle angezogen würden.

Einige der bunten Ringe und Kreise fielen zur Erde und flammten dort auf wie bunte Blumen des Asphaltes, andere schienen zu schillernden Schlangen zu werden und die an der Litfaßsäule befindlichen Menschen anzuspringen. Noch andere legten sich wie Schlingen um den Hals der kleinen Hexlein auf der Straße mit den angesüßten roten Mündchen, senkten sich herab auf die weißen Polster der entblößten Schultern, verfingen sich in den Bärten und Bubifrisuren, schwangen sich immer noch kreisend um die Bäuche und mehr und minder schlanken Hüften und glitten wieder herab an den seidenbespannten Waden oder gebügelten Hosenfalten der Spaziergänger, die über diese Phänomene hinwegstiegen, als wenn da gar nichts vorhanden wäre.

Wenn aber auch niemand etwas von diesen Vorgängen zu merken schien, selbst dann nicht, wenn es manchmal wie ein Feuerregen niederstieb, so war dennoch zu erkennen, dass von der Berührung mit den bunten Kreisen eine unerklärliche und stimulierende Wirkung ausging.

Hatten die Menschen noch eben unbeweglich gestanden, so war es plötzlich, als ob sie elektrisiert und angestachelt würden und in lebhaftere Bewegung gerieten. Sie bekamen gerötete Wangen und glänzende Augen, sie kicherten und lachten — einige Mädchen kreischten auch wohl laut auf —, und dann fanden sich die Filzhüte zu den mit wächsernen Früchten oder künstlichen Blumen verhängten Drahtgestellen der Damenhüte. Die gebügelten oder auch korkzieherartigen Hosenbeine vereinigten sich mit den seidenbespannten Waden, die Lackschuhe paarten sich mit den Zugstiefeln, die Röllchen und gusseisernen Vorhemden mit den Kaninchen- und Katzenfellen, und als wenn sie zu einem besonderen Entschluss gekommen wären, verloren sich die Paare in die Nebenstraßen, um anderen das Feld zu überlassen.

Während Lehmann dieses alles beobachtete und dann wieder in die Lichter oberhalb der Litfaßsäule starrte, glaubte er plötzlich zu seiner Verwunderung zu bemerken, dass sich auf der Litfaßsäule eine kleine menschliche Gestalt bewegte.

Es schienen da zwei schwarz bekleidete Beinchen von der Säule herabzuhängen, die einem kleinen Bürschchen gehörten, das mit Zylinder und Havelock bekleidet, unruhig auf der Säule hin und her rutschte und am Rücken sonderbarerweise ein paar kleine Fledermausflügel trug.

Herr Lehmann war etwas kurzsichtig, und es erschien ihm deshalb die Gestalt da oben zunächst von problematischer Beschaffenheit. Es blieb ihm im ersten Augenblick zweifelhaft, ob es nicht etwa nur eine Figur aus einem Reklameplakat war, die mit den Beinen an der Säule klebte, während der Oberkörper sich frei über der Säule in die Luft erhob und vom Wind hin und hergeschaukelt wurde.

Der Studiendirektor, der wie gesagt wegen seiner Kurzsichtigkeit an seiner ersten Wahrnehmung zweifelte (er hätte gar nicht zu zweifeln brauchen, denn was er sah, haben später auch andere, die gar nicht kurzsichtig waren, mit aller Deutlichkeit gesehen), entschloss sich seinen Zwicker aufzusetzen, um die seltsame Erscheinung näher in Augenschein zu nehmen.

Mit Hilfe dieses Zwickers sah nun Lehmann, dass es keineswegs ein Plakat war, sondern ein wirkliches lebendiges Wesen, das inzwischen schon bedeutend größer geworden war. Er glaubte aber (und insofern spielte die Kurzsichtigkeit Lehmanns allerdings eine Rolle), in dem schon ziemlich ausgewachsenen Burschen, der mit einem Havelock und Zylinder bekleidet war, den Obersekundaner Krause zu erkennen, einen durchtriebenen Schlingel, der schon viele ungehörige Streiche verübt hatte und sich jetzt sogar erfrechte, mit seinen groben Scherzen die Öffentlichkeit zu belästigen, indem er sich ein paar Fledermausflügel angebunden hatte und bunte Papierschlangen und Konfetti auf die Menschenmenge hinabwarf.

Der Studiendirektor Lehmann war sofort entschlossen, dem groben Unfug mit der ihm zu Gebote stehenden Autorität auf das nachdringlichste zu steuern.

Mit strenger Miene begab er sich zur Litfaßsäule: „Kommen Sie sofort herunter, Krause; alles weitere wird sich finden.“

Gleichsam als Antwort erhielt Lehmann eine solche Ladung Konfetti ins Gesicht, dass er einen Augenblick völlig geblendet war.

Als er wieder aufschauen konnte, musste er zu seiner Verwunderung konstatieren, dass niemand auf der Litfaßsäule saß.

Lehmann geriet darüber etwas außer Fassung, da offenbar niemand außer ihm den Burschen auf der Litfaßsäule bemerkt hatte. Er heuchelte zunächst Gleichgültigkeit, um die Aufmerksamkeit von sich abzulenken, da sein Benehmen bei den Umstehenden bereits Befremden und Misstrauen erregte, heimlich aber behielt er die Litfaßsäule scharf im Auge.

Wenn nun in der Tat auch niemand mehr auf der Litfaßsäule zu sitzen schien, so sah Lehmann doch von neuem mit unzweifelhafter Deutlichkeit, dass wieder bunte Papierschlangen und Konfetti von der Säule herabfielen und auf der Straße liegenblieben. In einem unbewachten Augenblick bückte er sich rasch, um die bunten Schnitzel aufzuheben, aber sonderbar, er griff nur auf die leeren Steine und beschmutzte sich hässlich die Finger.

Der Studiendirektor Lehmann war ein Mensch von nüchterner, ja strenger Denkungsart, und im Besonderen allem Mystischen und Phantastischen gänzlich abgeneigt, so dass er keinen Augenblick auf den Gedanken kam, dass es sich etwa um ein supranormales Phänomen handeln könnte.

Da er außerdem fürchtete mit seinem Erlebnis ausgelacht zu werden, so teilte er zunächst niemand etwas von seinen Wahrnehmungen mit. Erst später, als seine Beobachtungen eine eklatante Bestätigung durch die nachfolgenden Ereignisse erhielten, trat er mit seinem eigenen Erlebnis hervor, das nun natürlich einen wichtigen Beitrag zu der Geschichte des Phänomens von der Litfaßsäule gab.

Es war nur einige Abende später, als der berittene Sipo Piesecke, ein Beamter, dem von seiner vorgesetzten Behörde das Zeugnis einer besonderen Pflichttreue und Nüchternheit ausgestellt wird, etwa an derselben Stelle gegenüber dem „Café Ausblick“, wo er hoch zu Ross den Verkehr der Wagen und Autos regelte, sein Pferd eine kleine Wendung machen ließ, — — er ließ wie gesagt sein Pferd nur eine kleine Wendung machen — — —, diese an sich gänzlich nebensächliche Bewegung aber hatte zur Folge, dass er im nächsten Augenblick wie versteinert zur Litfaßsäule starrte — —, er hatte genau den selben Anblick wie der Studiendirektor Lehmann einige Tage vorher, nur dass er das Phänomen schon gleich in fast völlig ausgewachsener Menschengestalt erblickte — das Auge des Gesetzes sieht eben schärfer — und sofort den mysteriösen Verbrecher mit Havelock und Zylinder erkannte, dessen Signalement der Polizei natürlich genau gemeldet war.

Aber nur einen Augenblick brachte den Beamten das Ungewöhnliche dieses Anblicks außer Fassung; dann trieb er sein Pferd zur Litfaßsäule und zückte sein Notizbuch, um pflichtgemäß seines Amtes zu walten.

„Wie heißen Sie? — Können Sie sich ausweisen? — Ich verhafte Sie im Namen des Gesetzes.“

Der also Angerufene schien nicht geneigt, sich auch nur im Geringsten stören zu lassen. Er trieb nach wie vor sein sonderbares Spiel mit den bunten Ringen und Papierschlangen und schien sich auf der Litfaßsäule so sicher zu fühlen wie der Vogel auf dem Baume, den die Katze nicht erreichen kann.

Das Vorgehen des Beamten erregte natürlich sofort die allgemeine Aufmerksamkeit. Die Menschen, die sich von allen Seiten zusammenrotteten, blickten erstaunt zur Litfaßsäule hinauf — und im Gegensatz zur ersten Sichtbarwerdung des Phänomens, das nur dem Studiendirektor Lehmann erschien (es ist das ganz unzweifelhaft durch zahlreiche Zeugenvernehmungen in allen Einzelheiten erwiesen worden), sahen diesmal alle, die um die Litfaßsäule versammelt waren, die sonderbare Gestalt so leibhaftig und wirklich, wie man den Mond am Himmel sieht.

Es muss das in der Tat eine Situation gewesen sein, wie sie wohl noch niemals in der Welt sich vor diesem Zeitpunkt ereignet hat.

Im Angesicht einer Ansammlung von vielen hundert Menschen, die sich jeden Augenblick noch vermehrten und offenen Mundes wie versteinert zur Litfaßsäule starrten, — während Autos und Straßenbahnen hielten —, während in dem Lärm der Straße eine fast lautlose Stille eintrat —, da zeigte sich da oben auf der Litfaßsäule, umspielt von den schwankenden Lichtern und unzähligen Reflexen der Laternen und brennenden Reklameschilder, die Gestalt eines seltsamen Jünglings mit Havelock und Zylinder, der am Rücken ein paar Fledermausflügel trug.

In dem weißlich schimmernden, wie Phosphor erglänzenden Gesichte funkelten ein paar Augen wie kleine bunte Scheinwerfer. Der Mund hing als feuerroter Strich unter einer Nase, die nur aus ein paar kleinen Löchern bestand.

Die Gestalt war von weichender Festigkeit wie eine flimmernde Lufterscheinung. Manchmal fehlten Teile des Körpers, der durchsichtig erschien, dann aber wieder war alles so wirklich und natürlich, dass man den Stoff des Havelocks und den Seidenglanz des Zylinders erkennen konnte.

Unbekümmert um die Menschenmenge trieb dieser Bursche noch immer dasselbe Spiel mit den bunten Kreisen, die er aus der Luft zu greifen schien, mehrmals wie ein Lasso um den Zylinder schwang, um sie dann pfeilschnell auf die Menschenmenge herabgleiten zu lassen.

Allmählich aber schien er doch zu merken, dass da unten etwas Besonderes vor sich ging. Er hörte mit dem Schwingen des Lassos auf und sah sich nach hinten um, als wenn er den

Gegenstand der allgemeinen Aufmerksamkeit hinter sich vermutete.

Als er dort nichts wahrzunehmen vermochte und endlich wohl begriff, dass er selber der Gegenstand der allgemeinen Aufmerksamkeit war, da erhob er sich von seinem Sitz und neigte sich leicht nach vorn.

Es sah so aus, als wenn er zum Sprung ansetzen wollte, um sich in die Luft zu erheben.

Die Fledermausflügel flatterten an seinem Rücken —, aber er flog keineswegs von dannen, sondern neigte sich immer tiefer nach vorn und hob dabei mit der behandschuhten Rechten den Havelock und die Rockschöße über dem Gefäße hoch, um dem staunenden Publikum jene bekannte Geste zum besten zu geben, die, obgleich nur in wörtlicher Andeutung, einstmals dem Ritter Götz von Berlichingen zu unsterblichem Ruhme verholfen hat, und von der die Juristen noch nicht wissen, ob sie den Tatbestand einer Beleidigung darstellt, oder nur eine Aufforderung ist, der man nachkommen oder die man auch ablehnen kann.

Mehrere Sekunden lang war allen deutlich sichtbar auf der Litfaßsäule ein etwas verknittertes, nur wenig plastisches, zunächst mit einer schwarzen Hose bekleidetes Gesäß zu sehen, zu dem ein paar magere Beine gehörten, zwischen denen als ein neues, schier unglaubliches Phänomen, sich plötzlich das weißliche Gesicht des Gespenstes zeigte.

Der Geist hatte den Kopf zwischen die Beinen genommen — und als nun der niedergebeugte Oberkörper sich allmählich in Dunst auflöste und gänzlich verschwinden wollte, da konnte man einen Augenblick lang nicht mit Bestimmtheit sagen, ob das rundliche weißschimmernde Phänomen auf der Litfaßsäule das Gesicht des seltsamen Gespenstes war, oder ein anderer Körperteil, der vorher in der schwarzen Hose gesessen hatte.

Eine ungeheure Bewegung ging über den Platz.

Die gewaltsame Spannung löste sich in dem vielstimmigen

Schrei:

„Ein Geist, ein wirklicher Geist!“

Man stürmte die Litfaßsäule, die in einem Augenblick von dem Anprall der Menschen umgerissen wurde.

Man alarmierte die Feuerwehr und untersuchte auf das genaueste die umgestürzte Litfaßsäule, aber es war nicht das geringste mehr zu entdecken, — der Geist war nach alter Gewohnheit der Geister spurlos verschwunden.

Die aufgeregten Menschen wollten sich gar nicht wieder beruhigen.

Das Gerücht von der Erscheinung eines Geistes ging wie ein Lauffeuer durch die Stadt, und zahllose Neugierige strömten von allen Enden zur umgestürzten Litfaßsäule, um sich immer wieder das sonderbare Ereignis von denen, die es miterlebt hatten, in allen Einzelheiten erzählen zu lassen.

Es fanden sich natürlich auch Ungläubige, die alles in Abrede stellen wollten, und sich sogar über den Geisterglauben der anderen lustig machten. Aber damit kamen sie diesmal vor die verkehrte Schmiede.

Es entwickelte sich bald zwischen den Gläubigen und Ungläubigen eine regelrechte Schlacht. Man ging mit Schirmen und Stöcken aufeinander los, und es bedurfte der vereinten Anstrengung der Feuerwehr und der Sipo, um die erregten Menschenmengen wieder auseinander zu bringen.

Tage und Wochen vergingen, bis die Gemüter in Augustenburg sich auch nur einigermaßen wieder beruhigten. In der ersten Zeit fanden noch immer Ansammlungen von Neugierigen an jener Stelle statt, die alle darauf warteten, dass der Geist sich noch einmal zeigen sollte.

Aber die Geister erscheinen eben nicht, wenn man auf sie wartet, sondern überfallen einen unversehens, wenn man gar nicht an sie denkt.

Sechstes Kapitel

Der Streit der Gelehrten und Sachverständigen

Die Polizei konnte natürlich diesen Vorgängen gegenüber nicht gleichgültig bleiben, zumal sie einem Delikt des groben Unfugs auf die Spur zu kommen hoffte.

Man stellte deshalb mit allen Zeugen, deren man habhaft werden konnte, ein umfassendes Verhör an und nahm in jedem Falle ein genaues Protokoll darüber auf, was der Einzelne gesehen haben wollte. Aber es ergab sich nicht der geringste Anhalt für einen groben Unfug; vielmehr bekundeten alle Zeugen, dass sie den Geist auf der Litfaßsäule so wirklich und wahrhaftig gesehen hätten, wie man den Mond am Himmel oder den Sipo auf der Straße sieht.

Von Seiten der Staatsanwaltschaft versuchte man nunmehr dem sonderbaren Phänomen auf eine andere Art und Weise beizukommen. Der Staatsanwalt, der den Fall bearbeitete, vertrat nämlich die Ansicht, dass das Gespenst nichts anderes gewesen sei, als ein durch einen Kinoapparat in die Luft projiziertes Lichtbild.

Bei dunklem Hintergrunde könne ein Lichtbild ebenso wohl direkt in die Luft wie auf die Leinwand projiziert werden, und da ja bekanntlich auch das farbige und das plastische beziehungsweise stereotoskope Lichtbild schon erfunden sei, so könne man in der Tat ein solches Lichtbild von einer Geistererscheinung ebenso wenig unterscheiden, wie ein Ei von einem anderen.

So verblüffend an sich diese Erklärung der Staatsanwaltschaft war —, zu Unrecht pflegt man der Staatsanwaltschaft die tiefere Einsicht und höhere Findigkeit abzusprechen —, so entbehrte doch diese Theorie vollkommen der inneren psychologischen Begründung, denn es blieb völlig unerfindlich, weshalb sich jemand der fraglos ungewöhnlichen Mühe unterziehen sollte, auf solche Art und Weise einen Geist erscheinen zu lassen, ganz abgesehen davon, dass das Phänomen auf der Litfaßsäule ja nur die Schlussapotheose eines ganzen Komplexes von unerklärlichen Geschehnissen war, die offenbar in einem inneren Zusammenhange miteinander standen.

Denn darüber konnte wohl kein Zweifel bestehen, dass es sich in diesem Falle um dasselbe Gespenst handelte, das schon vorher in der „Goldenen Nachtmütze" gesehen worden war, und es erschien vollkommen ausgeschlossen, dass auch in jenem Falle ein Kinooperateur sich einen Scherz geleistet hatte.

Die Augustenburger Begebenheiten erregten natürlich nicht nur in Augustenburg, sondern in ganz Zimbronien das allergrößte Aufsehen, ja, es ist wirklich nicht zuviel gesagt, dass sich damals die Augen der ganzen Welt nach Augustenburg wandten, wobei man allerdings den ursprünglichen kriminellen Einschlag des Falles völlig zu vergessen schien und sich nur mit der Erklärung des okkulten Phänomens beschäftigte, das in ausländischen und inländischen Zeitungen sowie in Fachzeitschriften von Berufenen und Unberufenen des näheren und weiteren erörtert wurde.

Für diejenigen, die in okkulten Dingen nur wenig bewandert sind, wird es vielleicht von Interesse sein, einige dieser Ansichten zu hören, die zugleich einen tieferen Einblick in Dinge geben, von denen sich der Laie für gewöhnlich nur wenig träumen lässt.

Natürlich fanden sich auch solche Gelehrte, die ebenso wie die Polizei und die Staatsanwaltschaft die Erscheinung des Geistes trotz allem eifrig abzuleugnen versuchten.

„Geistererscheinungen sind a priori unmöglich“, so erklärte in einer öffentlichen Versammlung der Professor Motz von Mollenbach, der nur dann sich zum Glauben an Geister bekennen wollte, wenn gewisse Kautelen vorhanden wären, die übrigens von solcher Rigorosität waren, dass sicherlich nicht nur ein Geist, sondern auch jeder Sterbliche davor zurückgeschreckt wäre, sich diesen Torturen zu unterwerfen.

Der Fall einer solchen starrsinnigen Voreingenommenheit blieb indessen ziemlich vereinzelt, und selbst aus dem engeren Kreis der zimbronensischen Professorenschaft standen Gegner auf, die die Methode des Herrn von Mollenbach als unsachlich und unwissenschaftlich kritisierten.

Von diesen Gegnern vertrat zunächst Professor Kamm von Kämmerer in der Zeitschrift für „Wissenschaft und Fortschritt“ einen besonderen vermittelnden Standpunkt:

Man könne die Erscheinung des Geistes auf der Litfaßsäule keineswegs gänzlich in Abrede stellen, so führte Professor Kamm von Kämmerer aus, allein man müsse streng unterscheiden zwischen subjektiver und objektiver Wahrnehmung.

Es handele sich im vorliegenden Falle um nichts anderes, als um eine Massensuggestion, vermöge deren eine große Anzahl von Menschen zu gleicher Zeit etwas als wirklich gesehen hätten, was in Wirklichkeit nicht existierte.

Die vorausgegangenen Ereignisse, das rätselhafte Verschwinden einer Dame, sowie die übrigen mysteriösen Vorfälle hätten die Phantasie der Augustenburger in so ungewöhnlicher Weise erregt, dass der Mann im Havelock und Zylinder schon lange vor seinem Erscheinen in den Köpfen der Leute gespukt hätte.

Die sensationellen Zeitungsberichte über das Auftauchen jenes Unbekannten bei den verschiedensten Gelegenheiten und in den verschiedensten Gegenden der Stadt seien geeignet gewesen, schließlich eine derartige Überreizung der Einbildungskraft hervorzurufen, dass das Wahngebilde der Phantasie in einem Momente höchster Spannung sich nach außen projiziert und die Erscheinung jenes Gespenstes vorgetäuscht hätte.

Professor Kamm von Kämmerer führte zur Erläuterung seiner Theorie eine Reihe von bekannten Fakirkünsten an und wies auch darauf hin, dass ja schon im Mittelalter die Menschheit häufiger von bestimmten Vorstellungsinhalten besessen gewesen sei, wie ja denn der Glaube an den Teufel auch nichts anderes gewesen wäre, als eine Massensuggestion, die sich mit besonderer Hartnäckigkeit im Unterbewusstsein der Menschheit festgesetzt und erhalten hätte.

Es gäbe wahrscheinlich nicht nur ein Unterbewusstsein des einzelnen Menschen, sondern auch ein solches größerer Gruppen von Menschen. Ja, vielleicht gäbe es sogar ein gemeinsames Unterbewusstsein aller Menschen, — — jedenfalls ein mehr oder minder ausgedehntes Unterbewusstsein der Massen, mit dem das jedes einzelnen Menschen mit unsichtbarer Nabelschnur verknüpft sei.

Man wäre sich im Einzelnen über die Kräfte und Fähigkeiten des Unterbewusstseins noch sehr im Unklaren, doch sei es schon heute erwiesen, dass dasselbe zu denken und mancherlei Wirkungen hervorzubringen imstande wäre, von denen man sich bisher so gut wie gar nichts habe träumen lassen.

Professor Kamm von Kämmerer glaubte mit diesen Ausführungen die erregten Wogen besänftigt zu haben, allein er sah sich nunmehr seinerseits sofort in der heftigsten Weise von verschiedenen Seiten angegriffen.

„Wie?“ — so schrieb der Professor Blaß von Bleichen in den „Blättern für Psychoanalyse und Parapsychologie“ —

„Wie?“ — so sind den Herren Motz von Mollenbach und Kamm von Kämmerer die Phänomene der Telekinese und der Ideoplastik, um nur einiges zu nennen, völlig unbekannt?

Ich frage Sie, meine Herren — Sie wissen es also nicht, dass in dem Zustand der Tiefhypnose, jenem noch ungeklärten Zustande der Bewusstseinsänderung, die normale Beschaffenheit des Menschen eine Umwandlung erfährt, — eine Umwandlung, die eine Veränderung des statischen Zustandes der Atome des menschlichen Leibes in einen solchen labiler Art zur Folge hat, wodurch dynamische Kräfte und so wunderbare Fähigkeiten wieder frei werden, dass aus der Ferne Einwirkungen auf die Materie möglich sind, wie die normalen Kräfte des Menschen es niemals bewirken können? — — —

Es ist Ihnen also unbekannt, meine Herren, dass in diesem Zustande die Imagination des Unterbewusstseins auch die molekularen und atomistischen Schwingungen der außerkörperlichen Materie so zu verändern vermag, dass dieselbe in einen anderen Aggregatzustand überführt wird —, dass feste Körper in Ätherstoff und dieser wieder in festen Stoff verwandelt werden, nicht anders, als auch Radium sich durch langsame Ausstrahlung in feinere Stoffarten verwandelt?

Es ist Ihnen dann wohl auch unbekannt, so fuhr Professor Blaß von Bleichen fort, dass in den spiritistischen Sitzungen Gegenstände auf die angedeutete Weise aus der weitesten Entfernung „apportiert“ werden können, dass zum Beispiel mitten im Winter ein Rebstock aus südlichen Gegenden „apportiert“ werden kann, der in dem Zimmer noch die Kälte des Winters an sich trägt, die er einen Augenblick in dem nördlichen Lande gespürt hat.

Es ist den Herren dann natürlich auch unbekannt, dass in diesen Sitzungen bei abgeblendetem oder verdunkeltem Licht, — das erforderlich ist wie bei allen Vorgängen der Zeugung, — sei es der Befruchtung des Eies im Mutterleibe, sei es des Samenkorns in der Erde, — sich Leuchterscheinungen und kleine Nebelflecken bilden, die sich schließlich zu menschlichen Gliedmaßen, fleischfarbenen Händen und Füßen, ja zu vollkommenen menschlichen Gestalten verdichten, mit Gewändern vergangener Zeiten bekleidet, Gebilde von überirdischer Schönheit, die minutenlang im Raum schweben und dann plötzlich wieder verschwinden.

Haben Sie denn noch niemals etwas vernommen, von jener

geheimnisvollen Substanz, die man als „Ektoplasma“ zu bezeichnen pflegt, und die den Medien aus Mund und Nase strömt, oder sich von den Fingerspitzen und anderen Körperteilen abzusondern pflegt, um sich kraft der ideoplastischen Fähigkeit des Mediums, verstärkt durch die Kräfte der Sitzungsteilnehmer, zu eben jenen Gebilden zu formen?

Haben Sie denn noch niemals Geisterfotografien gesehen, jene schemenhaften Gebilde, die nicht nur dem Auge sichtbar werden, sondern die auch körperlich, wenigstens auf Augenblicke greifbar sind, und durch den Mund des Mediums Geheimnisse offenbaren, von denen kein Sterblicher etwas ahnt? —

Wenn Sie das alles nicht wissen, meine sehr verehrten Herren, so muss ich sagen, dass Sie keine Sachverständigen sind, sondern lächelnde Ignoranten.

Es kann jedem Wissenden wohl nicht zweifelhaft sein, so schloss Herr von Bleichen seinen geharnischten Artikel, dass in diesem Falle das Phänomen der Materialisation eines Geistes ganz zweifelsfrei erwiesen ist.

Professor Motz von Mollenbach antwortete darauf, dass er zunächst bedauern müsse, dass Blaß von Bleichen die in Gelehrtenkreisen üblichen Formen der Höflichkeit außer Acht gelassen und sich in einer gewiss begreiflichen Erregung zu ungehörigen Ausfällen habe hinreißen lassen, ein Verhalten, das noch ein Nachspiel haben würde.

Was im Übrigen die ideoplastischen Erscheinungen in den spiritistischen Sitzungen anbetreffe, so habe er von diesen angeblichen Geistern, die sich als Karl der Große, als Napoleon, oder als indischer Mahatma zu zeigen pflegten und allerlei Unsinn von sich gäben, allerdings schon gehört.

Er glaube nicht an diesen Unfug und halte die Fotografien für bewusste Täuschung, wobei es dahingestellt bleiben könnte, wer der Betrüger und wer der Betrogene sei. Aber er wolle von dieser seiner eigenen Ansicht einmal vollkommen absehen und die ideoplastischen Phänomene als Tatsache gelten lassen. Darum könne er aber noch immer nicht dauernd von der Logik und dem gesunden Menschenverstand abstrahieren.

Blaß von Bleichen vergesse nämlich vollkommen, dass der Geist, der hier zur Diskussion stehe, ja gar nicht in einer spiritistischen Sitzung, sondern im belebtesten Straßengewühl bei hellstem Lichterschein gesehen worden sei. Er vergesse ja vollkommen, dass in diesem Falle offenbar ein Medium nicht vorhanden gewesen wäre, ein Erfordernis, das doch nach der eigenen Auffassung des Herrn von Bleichen stets zur Verkörperung eines Geistes erforderlich sei.

Oder wolle Herr von Bleichen etwa annehmen, dass in den

umliegenden Häusern in der Nähe der Litfaßsäule eine spiritistische Sitzung stattgefunden hätte, wobei der seltsame Fall eingetreten wäre, dass sich eine ideoplastische Bildung von der ektosplasmischen Nabelschnur getrennt und den Weg ins Freie gefunden hätte, um sich hier gänzlich selbständig zu betätigen? — — —

„Vielleicht aber ist der Herr von Bleichen auch der Ansicht, dass der Geist auf der Litfaßsäule die ideoplastische Ausstrahlung aller jener Menschen war, die sich zurzeit des Vorganges am Fuße der Litfaßsäule befanden, — — — eine Annahme, die denn doch wohl zu grotesk sein dürfte, als dass sie der Wissenschaft diskutabel erscheinen könnte."

Die Ausführungen des Professors Motz von Mollenbach entbehrten in der Tat nicht einer gewissen Sachlichkeit, allein er war im Irrtum, wenn er glaubte, durch diese Sachlichkeit den Glauben an Gespenster aus der Welt zu schaffen.

Es fanden sich andere Gelehrte, die Professor von Bleichen zu Hilfe kamen.

„Wer sagt denn," so ließ sich ein amerikanischer Gelehrter vernehmen (die Ereignisse hatten selbst in Amerika Aufsehen erregt), „wer sagt denn, dass die ideoplastischen und sonstigen okkulten Phänomene nur in den spiritistischen Sitzungen vorzukommen pflegen?

Es ist ja richtig, dass die üblichen Zeremonien der spiritistischen Sitzungen in Verbindung mit musikalischen oder rhythmischen Geräuschen der Hervorbringung von Materialisationsphänomenen besonders günstig sind, da eben das Medium sich auch von den Kräften der Sitzungsteilnehmer etwas anzueignen pflegt. Die stoffliche Materie der sogenannten Geistererscheinungen in den spiritistischen Sitzungen ist nämlich in diesen Fällen fraglos nicht nur aus der eigenen Körperlichkeit der Medien, sondern auch aus der fluidalen Körperlichkeit der Sitzungsteilnehmer gebildet.

Unbedingt notwendig aber ist eine solche Unterstützung

keineswegs, und so weiß man denn auch von einer großen Anzahl von Fällen, wo sich solche Geistererscheinungen auch außerhalb von spiritistischen Sitzungen ereignet haben. Es gibt zum Beispiel eine große Anzahl von glaubhaften Berichten, dass ein und dieselbe Person gleichzeitig oder jedenfalls nur mit geringen Zeitunterschieden an verschiedenen sehr entfernten Orten gesehen worden ist, und im Orient gilt unter den Eingeweihten die Fähigkeit gewisser Mahatmas, sich selbst in Bezug auf den eigenen Körper völlig zu dematerialisieren und an einer entfernten Stelle wieder zu rematerialisieren, als eine feststehende Tatsache.

Irrtümlich aber ist es, „so führte der genannte amerikanische Gelehrte weiter aus," wenn man die genannten Phänomene als Geistererscheinungen bezeichnet oder gar auf die Geister von Verstorbenen zurückführen will. Es genügt vielmehr das Medium beziehungsweise die besondere Veranlagung der betreffenden Persönlichkeit selber als Ursache zu setzen, wie man denn ja auch stets bei allen Materialisationsphänomenen in spiritistischen Sitzungen einen Gewichtsverlust des Mediums konstatieren kann.

Auch in den Fällen, wo überhaupt kein Medium oder lebende Persönlichkeit vorhanden ist und es sich etwa um jene Geistererscheinungen handelt, die zum Beispiel als „weiße" oder „schwarze Dame" in Schlössern und Grabgewölben ihr Wesen treiben, auch in diesen Fällen braucht man keineswegs zur Geistertheorie seine Zuflucht zu nehmen, denn es handelt sich dabei um nichts anderes als Rudimente einer einstmals *lebendigen* Persönlichkeit, deren abgesprengte Atome sich nach dem ihnen innewohnenden Organisationsgesetz unter gewissen Voraussetzungen zu einem sozusagen verdünnten menschenähnlichen Gebilde wieder vereinigen, ein Gebilde, das eben wegen dieser Verdünnung unter normalen Umständen unsichtbar bleibt, bei gewissen atmosphärischen und sonstigen Einflüssen aber auch von jedermann gesehen werden kann.

Die Absprengung der Atome von der lebendigen Persönlichkeit ist allerdings ein okkultes, bisher noch nicht erforschtes Phänomen, das wahrscheinlich nur im Zustande der höchsten psychischen Erregung aufzutreten pflegt, und immer irgendein furchtbares Geschehnis zur Grundlage hat.

Man kann sich den Vorgang etwa folgendermaßen erklären: Wenn ein Selbstmörder sich aus dem Fenster stürzt, so hat er im letzten Augenblicke — schon im Fallen begriffen, — dennoch unwillkürlich das Bestreben sich zu retten. Der in diesem Augenblicke bis zur höchsten Stärke erregte und darum magische Wille bewirkt nun zwar keineswegs die völlige Rückversetzung des schon abstürzenden Körpers, aber es ist möglich, dass die unterbewusste Vorstellung der Rückversetzung beeinflusst durch die Exaltation und höchste psychische Erregung, eine Absprengung einzelner Atomkomplexe bewirkt, die an der Absturzstelle gebunden bleiben und hier zeitweise, (nämlich bei geeigneten atmosphärischen Einflüssen), ein spukhaftes Gebilde entstehen lassen, das sich erst ganz allmählich zerfetzt. Tatsache ist es jedenfalls, dass viele Spukerscheinungen an den Stellen stattfinden, wo ein Selbstmord oder ein Verbrechen begangen wurde, und die handelnden Personen sich dabei im Zustande der höchsten psychischen Erregung befanden.

Nicht die Geister der Verstorbenen sind es also, sondern die atomistischen abgesprengten Teile einer einstmals lebenden Persönlichkeit, die jene Spukerscheinungen hervorbringen.

Nicht um Aberglauben und Geister handelt es sich also, sondern um das Rätsel des Menschen und das Weltgeheimnis selber, um die Tatsache, dass auch der einzelne Mensch nichts anderes ist, als ein kleines kosmisches Gebilde, zusammengesetzt aus Sauerstoff und Stickstoff, Kohlenstoff und Phosphor, sowie noch einigen anderen chemischen Stoffen, die, aber zusammengehalten werden von einer Idee, die ihrerseits selbständige Organisationsfähigkeit und Denkkraft besitzt und stärker ist, als das mit Fleisch und Blut umkleidete Knochengestell."

Die Diskussion war aber auch damit noch lange nicht beendet, sondern entbrannte noch heißer als zuvor.

Es meldeten sich jetzt auch Stimmen aus dem Lager der Okkultisten und Mystiker, die das Problem noch tiefer zu ergründen versuchten.

„Nicht nur der Professor Motz von Mollenbach, sondern auch Blaß von Bleichen und der amerikanische Gelehrte sind in Wirklichkeit nichts anderes als nur verkappte Materialisten," so ließ sich der Okkultist Anastasius Merlin im „weißen Fähnlein" vernehmen.

„Es gibt eben nicht nur Pseudogeister, die lediglich als Reflexe oder ektoplasmatische Gebilde irgendwelchen Medien ihre mehr oder minder verdünnte Existenz verdanken, sondern die Geheimwissenschaften lehren bereits seit Jahrtausenden, dass die sichtbare Welt von unzähligen anderen Welten durchzogen ist, und wir auf Schritt und Tritt von Geistern umgeben sind, die sichtbar oder unsichtbar, merklich oder unmerklich, dennoch aber wirklich und wahrhaftig den einzelnen Menschen je nach seiner Veranlagung und Entwicklungsstufe beeinflussen und zu ihm in Beziehung stehen.

Auch ist keineswegs etwas Lächerliches oder gänzlich Neues, dass sich Geister der unsichtbaren Welt den sterblichen Menschen nähern.

Die Religionen und Mythen aller Völker wissen auf das genaueste von diesen Geistern zu erzählen, die in den ältesten Zeiten als lichte, göttergleiche Wesen erschienen, sich dann allmählich zu Feen, Elfen und Kobolden wandelten, sodann zu Inkubussen und Sukubussen, zu Werwölfen und Vampiren wurden, bis sie schließlich scheinbar gänzlich verschwanden.

In Wirklichkeit aber sind sie keineswegs verschwunden, sondern nur meistens unsichtbar, was aber nicht hindert, dass sie sich in neuester Zeit schon wieder als Klopfgeister oder durch telekinetische oder sonstige supranormale Phänomene bemerkbar machen, um vielleicht auch einmal wieder menschliche Gestalt anzunehmen wie in früheren Zeiten.

Die Geister und ihre Methoden des Verkehrs mit der sichtbaren Welt unterliegen eben wie alles dem Wechsel und der Wechselbeziehung zwischen oben und unten.

Es ist natürlich äußerst schwierig, im vorliegenden Falle von dem Phänomen auf der Litfaßsäule etwas Bestimmtes zu behaupten, es kann aber nicht zweifelhaft sein, dass es unrichtig wäre, das Phänomen wie die Gelehrten es tuen, unabhängig von den voraufgegangenen Ereignissen zur Diskussion zu stellen, denn fraglos handelt es sich um einen ganzen Komplex von okkulten Tatbeständen, die im engsten Zusammenhange stehen und insgesamt von viel tieferer Bedeutung sind, als der objektive Tatbestand es bisher erkennen lässt. Des Rätsels Lösung ist darum ganz sicherlich nicht nur auf dem grobstofflichen sichtbaren Plane, sondern vielmehr auf dem feinstofflichen unsichtbaren Plane zu finden.“

Die Ansichten des Anastasius Merlin wurden von den Vertretern der Wissenschaft natürlich nicht im Geringsten beachtet. Nur der bekannte Literat Fritz Klugmann schöpfte daraus Stoff für ein Feuilleton, das er in dem „Augustenburger Intelligenzblatt“ veröffentlichte, dem wir mit seiner gütigen Erlaubnis die nachfolgenden Stellen entnehmen:

„Wenn man den Sagen und Mythen Glauben schenken will, so gibt es freilich nicht nur Geister, die mit Sterblichen soupierten, sondern vielfach sogar mit ihnen die Ehe eingegangen sind und sogar Kinder gezeugt haben.

Man braucht gar nicht bis zu den Göttern des Altertums zurückzugehen, noch im Mittelalter wird im „Malleus Maleficarum“, dem berüchtigten sogenannten Hexenhammer, (der von den gelehrtesten Männern ihrer Zeit begutachtet und gutgeheißen wurde), ganze Seiten lang die Frage erörtert, ob der Teufel auch Kinder zeugen könne.

Zahlreich sind aus jener Zeit die Gerüchte, dass ein Erdgeist oder eine Undine sich Sterblichen genähert und eine Zeitlang Tisch und Bett mit ihnen geteilt hätte, bis dann eines Tages ein Kind mit einem Zwergenkopf oder einem Fischschwänzlein in der Wiege gelegen hätte, und der Geist für immer dann verschwunden sei.

„Man ist sich aber denn doch wohl darüber einig," so fuhr Klugmann in seinem Feuilleton fort, „dass diese Geister des Herrn Merlin, ebenso wie die Sagen und Mythen vergangener Zeiten, nur der Phantasie einer kindlichen Vorstellungswelt ihre Existenz verdanken, einer Vorstellungswelt, die innere Erlebnisse nach außen zu verlegen pflegte und damit in die finstersten Abgründe des Aberglaubens geriet.

Sie verwechseln, mein bester Herr Anastasius Merlin, Phantasie und Wirklichkeit und vergessen, dass wir uns in dem Zeitalter des Fortschrittes und der Technik befinden.

In jenen altersgrauen Zeiten, wo es noch keine Eisenbahnen, ja noch nicht einmal Landstraßen gab, in jener Zeit, als der Mensch noch einsam auf der Erde war, da mochte es wohl sein, dass eine ländliche Schöne den schlankgewachsenen Jüngling mit den Wohlgebildeten Zügen, der unversehens aus dem Dickicht des Waldes zu ihr trat und sie mit seiner Gunst beschenkte, um dann auf Nimmerwiedersehen zu verschwinden, für ein göttergleiches Wesen, für einen Gott des Waldes hielt und hochbeglückt dem Götterwunsch Gewährung gab.

Es mochte auch wohl sein, dass andere gleichen Glaubens waren und sich des Göttersprösslings freuten, der ihnen auf so rätselhafte Weise als ein Geschenk des Gottes in die Wiege gelegt wurde.

In den finsteren Zeiten des Mittelalters dagegen, das die Hölle auf Erden erfand, war es ein Teufel, der die Unglücklichen den Qualen und Nöten der unehelichen Geburt überließ, und jedermann sah dieses Kind als kleinen Teufel an.

In unseren Zeiten aber, mein bester Herr Merlin, seitdem alle Menschen in Protokollen und Registern geführt werden, weiß man den unehelichen Vater schnell zu finden, und siehe, es ist kein Gott oder Teufel, sondern ein Sterblicher, der Alimente zahlen muss."

*

Auf diese Ausführungen des Herrn Klugmann antwortete Anastasius Merlin in der „Astralen Warte", dass es ihn Wunder nehme, dass Klugmann soviel Phantasie besäße, um sich in den Geist vergangener Zeiten einzudenken.

Es sei gar nicht so falsch, was er da geschrieben hätte. Es läge eben tatsächlich an den Augen der Menschen, was sie zu sehen vermöchten, aber die Menschen hätten ganz einfach die Fähigkeit verloren, die Dinge richtig zu erkennen; weil ihnen die äußere Erscheinung alles sei, weil sie Schein und Sein nicht mehr zu unterscheiden verständen.

Auch heute gäbe es zum Beispiel immer noch Undinen und Erdgeister, die sich den menschlichen Behausungen näherten und die man nur deshalb nicht als solche erkennen könnte, weil sie menschliche Gestalt, und manchmal sogar eine sehr schöne menschliche Gestalt besäßen.

Dennoch sei die Frau mit den leeren Fischaugen und dem

unentwickelten Gemüts- und Verstandesleben in Wirklichkeit nichts anderes als eine Undine oder Wassernixe, die auf dem unsichtbaren Plane einen Fischschwanz besäße und nächtlicherweile mit dem Froschkönig Umgang habe, wenn auch ihr eigenes Wachbewusstsein nichts mehr davon wüsste.

Ebenso sei es gar nicht selten, dass der reiche Mann, dem die Metalle nur so von allen Seiten zuströmten, trotz seiner menschlichen Gestalt ein Erdgeist wäre, dem die Gnomen als einem der ihrigen ihre Schätze zuwendeten, wenn es scheinbar auch auf ganz natürliche Weise geschähe, und alle Welt, ja jener selbst, seinen Reichtum nur der eigenen Tüchtigkeit zurechnen täte.

„Dennoch sind diese Wesen trotz ihrer menschlichen Gestalt doch niemals wirkliche Menschen, weil ihnen nämlich die menschliche Seele fehlt, die als solche ein mindestens ebenso merkwürdiges Phänomen ist wie jene Phänomene, die sich in den spiritistischen Sitzungen einzustellen pflegen.

Es ist eben nicht alles Mensch, was die menschliche Erscheinung zeigt und in menschlicher Gestalt einherwandelt.

Umgekehrt gehören wesentliche Teile des Menschen bereits den unsichtbaren Welten an, denn Geist und Seele des Menschen sind unsichtbar und verborgen, dennoch aber wirklich, falls man nicht auch die Wirklichkeit von Wünschen und Gedanken leugnen will.

Was aber heißt überhaupt sichtbar und unsichtbar, was heißt wirklich und unwirklich?

Die sichtbaren und unsichtbaren Welten durchdringen und bedingen sich. Was man für wirklich hält oder unwirklich nach dem gewöhnlichen Sprachgebrauch, sind nur graduelle Unterschiede der Dichtigkeit, sind nur Schwingungen und Strahlungen höheren und niederen Grades, die alle in Wechselbeziehungen zueinander stehen, — — — wie alle Erscheinungswelt aus den unsichtbaren Welten hervorgegangen ist, um eine winzige Spanne Zeit zur statischen Erscheinungswelt gebunden zu werden, und also bald dynamisch wieder in die unsichtbaren Welten hinüberschwingen. Der Glaube aber und die Einbildungskraft schaffen höhere Werte, sind eine stärkere Macht als Intellekt und Wissen, denn Glaube und Einbildungskraft gestalten die Welt, während der Wille und der Intellekt sie nur befestigen und ausbauen. Sie sind nur Bauleute und Handwerker, während jene dem schaffenden Künstler gleichen."

Dr. Klugmann antwortete nochmals, dass sich Anastasius Merlin als ein phantastischer Mystiker erwiesen hätte und man auf diese Weise schließlich folgern könnte, dass der Mensch überhaupt kein Mensch, sondern ein Gespenst wäre, was die Dinge denn doch auf den Kopf stellen heiße.

Anastasius Merlin entgegnete darauf zum Schluss, dass in der Tat der sichtbare Mensch nur ein Gespenst sei.

*

Der Streit der Gelehrten und Okkultisten wollte noch immer kein Ende nehmen, sondern sie stritten noch immer weiter, wie jene Ritter, die in dem wilden Walde vom Morgen bis zum Abend darum kämpften, ob der zwischen ihnen hängende Schild von blauer oder gelber Farbe sei, bis sie am Abend, endlich von dem Kampf ermüdet, ein jeder auf die Seite des Gegners gingen, und siehe da, der Schild war von der einen Seite blau und von der anderen Seite gelb.

In Wirklichkeit aber dürfte der Schild von grüner Farbe gewesen sein, wie man nur von einem Standpunkt erkennen konnte, wo sich die beiden Farben mischten.

*

Wie von dem Professor Motz von Mollenbach bereits angekündigt worden war, hatte der Streit der Gelehrten leider noch ein ernstes Nachspiel zur Folge.

Es waren im Verlauf der Diskussionen von beiden Seiten verletzende Ausdrücke, wie Scharlatane, Dunkelmänner, Idioten und Schwachsinnige, sowie ähnliche schmückende Beiwörter gefallen, worauf sich einige der Herren ihre gegenseitigen Zeugen sandten.

Professor Motz von Mollenbach, ein alter Korpsstudent, übersandte Herrn von Bleichen eine schwere Säbelforderung, welche dieser als ein ehemaliger Reserveoffizier auf Pistolen

überstürzte. Sogar Anastasius Merlin wurde mit einer Forderung bedacht, wobei es sich denn herausstellte, dass er gar nicht satisfaktionsfähig war, weil er nämlich noch nicht einmal das Einjährigenexamen bestanden hatte. Es bedurfte mehrerer Sitzungen des Ehrengerichts, das bis tief in die Nacht hinein tagte, um endlich die Formeln für die Ehrenerklärungen zu finden, die allen Beteiligten Genüge tat.

Siebentes Kapitel

Ein Hellseher gesucht

Doch genug des unerfreulichen Gelehrtenstreites, genug der Theorien und Spitzfindigkeiten der Sachverständigen und Okkultisten, denen es doch nur darauf ankam, ihre eigene Gelehrsamkeit ins rechte Licht zu stellen, nicht aber auch wirkliche praktische Arbeit zu leisten, die zu greifbaren Resultaten führen konnte.

Es war an der Zeit sich der Wirklichkeit wieder zu erinnern, die allmählich ganz im Nebel der phantastischen Ereignisse zu verblassen drohte.

Was auch immer für verborgene Tatbestände diesem Falle zugrunde liegen mochten, soviel war jedenfalls sicher, dass die wirkliche Tochter des Mr. Smith verschwunden war und verschwunden blieb, und dass die Aussicht, sie jemals wiederzufinden, noch viel geringer geworden war als zuvor.

Wenn man zunächst von allen wunderbaren und übernatürlichen Ereignissen, wie sie in diesen Fall hineinzuspielen schienen, zu abstrahieren versuchte, wie es jedenfalls Pflicht eines gewissenhaften Privatdetektivs war, so blieb als einzige natürliche Erklärung für das Verschwinden der Tochter des Amerikaners nur die Vermutung übrig; dass jene Dame vermöge irgendwelcher psychischer Einwirkungen ungewöhnlicher Art das Erinnerungsvermögen verloren hatte.

Hat man nicht häufiger schon gehört, dass Personen ihr Gedächtnis so völlig verloren, dass sie selber nicht mehr wussten, wer sie waren? Hat man nicht gerade in letzter Zeit mehrfach in Zeitungen gelesen, dass sich Menschen jahrelang in einem Dämmerzustande befunden haben, um plötzlich in einer entfernten Gegend der Welt wieder zu erwachen ohne jede Erinnerung, wie sie dahingekommen waren?

Nach allen stattgefundenen Ereignissen war es sicherlich nicht von der Hand zu weisen, dass jene Dame irgendein erschütterndes Ereignis erlebt hatte, das einen Nervenschock und den völligen Verlust des Gedächtnisses zur Folge hatte.

Was half jedoch diese rein theoretische Erkenntnis, wenn trotzdem nirgends sich ein Anhalt zeigte, um die Spuren der Unglücklichen zu finden.

Meine langjährigen Erfahrungen und praktischen Methoden als Privatdetektiv waren dieser Aufgabe nicht gewachsen. Es bedurfte hier anderer Methoden als der gewohnten und höherer Kräfte, als sie der normale Sterbliche besitzt.

Es ist mir deshalb sicherlich nicht zu verdenken, dass ich mich nach der Hilfe eines Mitarbeiters umzusehen begann, der über solche höheren Kräfte verfügte.

Nur ein Hellseher konnte noch helfen, der nicht nur theoretisch gut beschlagen war, sondern auch bereits praktische Erfolge aufzuweisen hatte. — —

Natürlich ist bei der Zuziehung eines Hellsehers große Vorsicht geboten.

Heutzutage will bereits jeder kleine Hypnotiseur etwas hellseherisch oder wenigstens hellhörig veranlagt sein, und dem Schwindel sind sofort sperrangelweit Tür und Tor geöffnet.

Man unterscheidet zwischen einfachen Hellsehern, die nur in ihrer nächsten Umgebung hellzusehen vermögen, und fortgeschrittenen Hellsehern, die über Zeit und Raum hinweg die entferntesten Dinge sehen können, ganz gleich, ob es sich um Ereignisse der Vergangenheit, Gegenwart oder Zukunft handelt.

Die Methoden, deren sich diese Hellseher bedienen, sind wieder sehr verschieden.

Am häufigsten ist das Kristallsehen, wobei der Hellseher eine bestimmte Verbindungslinie aus feinstofflicher, sogenannter Astralmaterie herzustellen versteht, die ähnlich wie ein Telegraphendraht alle Schwingungen übermittelt, die sich an der gewünschten Stelle des Raumes befinden und von dem Hellseher in bildmäßiger Form erkannt und gedeutet werden.

Wenn der Hellseher aber genügend psychische Kraft besitzt, so ist es ihm möglich, sich in astraler Gestalt an jeden beliebigen Ort zu begeben, was natürlich mancherlei Vorteile bietet, da man an Ort und Stelle immer mehr zu sehen vermag, als aus der mehr oder weniger großen Entfernung.

Wie es möglich ist, dass einige Hellseher auch zugleich dabei in die Zukunft und Vergangenheit schauen, ist wissenschaftlich schwer zu erklären, aber es liegt das wahrscheinlich daran, dass in den metaphysischen Welten Zeit und Raum gar nicht mehr existieren, da Zeit und Raum nur Anschauungsformen des grobstofflichen menschlichen Körpers sind, während in den feinstofflichen Welten sich die Gegenwart zugleich über Vergangenheit und Zukunft auszudehnen pflegt.

Über diese theoretischen Fragen wird sicherlich jeder Philosophieprofessor eine sichere Auskunft geben können, während der Praktiker sich wenig Sorge um die Erklärung von Erlebnissen macht, die ihm nichts Ungewöhnliches sind. Auch dem Leser kann es ja schließlich gleichgültig sein, welche Wissenschaftliche Erklärung dafür in Frage kommt, wenn nur der Erfolg von solcher Art ist, dass eben die Tatsache solcher Fähigkeiten gar nicht in Frage gestellt werden kann.

Wenn ich nun in der Schar der berühmten und wirklich anerkannten Hellseher Umschau hielt, so konnte es nicht zweifelhaft sein, dass für den schwierigen Fall, wie ihn mir meine Praxis als Privatdetektiv in die Hände gespielt hatte, nur ein einziger Mann in Betracht kam, dessen hohe Fähigkeiten und praktische Erfahrungen einen wirklichen Erfolg versprachen.

Ein jeder kennt wohl den fabelhaften Spürsinn und die hohen Fähigkeiten des Detektivs Sherlock Holmes, dessen wunderbare Erlebnisse und Abenteuer in den vielen Sherlock-Holmes-Geschichten beschrieben sind.

Nicht ganz in dem gleichen Umfange aber ist der Welt bekannt geworden, dass Sir Arthur Conan Doyle, als Verfasser dieser Detektiv-Geschichten der berühmteste und jedenfalls meistgelesenste Schriftsteller der Welt, zugleich ein fabelhafter Hellseher und hervorragender Geisterforscher ist.

Als ihm die Verbrecher auf dem grobstofflichen Plane keine Geheimnisse mehr aufgeben konnten, da verlegte Conan Doyle seine Forschungen vom sichtbaren Plane in die Gefilde der dem normalen Auge unsichtbaren Welt.

Er entdeckte Gnomen und Kobolde, Feen und Elfen, die sich nicht nur auf der Retina seines Auges widerspiegelten, sondern auch auf der Platte seines fotografischen Apparates, auf der sich tatsächlich tanzende Elfen und schwebende Feen zeigten, genau wie es in den alten Sagen und Märchen beschrieben wird.

Nachdem Conan Doyle vor einigen Jahren einen kleinen Abstecher nach Brasilien unternommen hatte, woselbst er die verlorene Welt der Riesensaurier auf einem völlig abgeschlossenen Hochplateau entdeckte,*) und zum Beweis für das tatsächliche Vorhandensein dieser Welt einen Brontosaurus von der Größe eines Kirchturms mit nach London brachte, — — — dieser Brontosaurus ist bekanntlich bei der Landung in London ausgebrochen, zerstörte die Towerbrücke und verschwand schließlich in den Fluten der Themse, nicht ohne dass es gelungen ist, diese Vorgänge filmtechnisch aufzunehmen — — —, trat Conan Doyle die die Reise ins Nebelland an,**) wo-

---

*) Die verlorene Welt. Roman von Conan Doyle.

**) Das Nebelland. Roman von Conan Doyle.

selbst er ganze Scharen von Geistern entdeckte, die er nach Wesensart und Lebensgewohnheit erforschte und klassifizierte, genau so, wie der Naturforscher alles in Klassen und Familien einzuteilen pflegt.

Einige dieser Geister des Nebellandes sind gutartig und den Menschen wohlgesinnt, andere dagegen recht gefährlich, und wenn sie gereizt werden, sehr wohl imstande, einem ge-

wöhnlichen Sterblichen den Hals umzudrehen, — so wie einst die Geister in den Erzählungen von Tausend-und-eine-Nacht, die sich plötzlich aus einer Flasche in einer Nebelwolke erhoben und den Vorwitzigen bestraften, der unvorsichtig an dem Stöpsel der Flasche drehte, während sie dem kundigen Magier als gehorsame Diener willfährig waren und ihn die Weisheit Salomonis lehrten.

Nach seiner Rückkehr aus dem Nebellande errichtete dann Conan Doyle bekanntlich ein spiritistisches Büro, wo jedermann Gelegenheit findet, mit den Geistern seiner Ahnen zu verkehren. Conan Doyle hat dabei von seinen kriminalistischen Neigungen dennoch nicht ablassen können und es sich zur besonderen Aufgabe gemacht, die Verbrechen der Vergangenheit zu erforschen, wozu er nur des „Rapports“ mit einigen wenigen Gegenständen bedarf, mit denen der Verbrecher seinerzeit in nähere Berührung gekommen ist.

Das britische Museum hat ihm eine ganze Anzahl solcher Gegenstände zur Verfügung gestellt, mit der Aufgabe, durch den Rapport mit diesen Gegenständen die Richtigkeit gewisser alter Aktenstücke nachzuprüfen.

Es ist ihm denn auch bereits gelungen, den Verbrechen der Marquise von Brinvillier ein halbes Dutzend Mordtaten noch hinzuzufügen, welche Gewissheit ihm lediglich durch den magischen Rapport mit dem ledernen Wassertrichter geworden ist, der seinerzeit bei der Folterung dieses menschlichen Ungeheuers zur Anwendung kam.

Wie die Zeitungsnachrichten neuerdings melden, beabsichtigt Conan Doyle schon in nächster Zeit sich mit seinem Geistermuseum auf die Tournee zu begeben, in welchem er alles gesammelt hat, was ihm im Laufe der Zeiten an Zeugnissen und Beweisstücken vom Leben der Geister und der Geisterwelt unter die Hände gekommen ist.

Sein Geistermuseum enthält nicht nur Fotografien von Geistern und Grammophonplatten, auf denen die Stimmen der Geister festgehalten sind, sondern auch Malereien und Dichtungen von längst verstorbenen Künstlern, die ihre unvollendeten Werke durch die Hand von Medien aus dem Jenseits der grobstofflichen Welt vermittelt haben.

Es befindet sich darunter ein Gedicht von Goethe aus dem Jahre 1924, das von einem zwölfjährigen Kinde geschrieben ist, sowie mehrere Zeichnungen eines unbekannten Malers, der sich sonderbarer Weise zur Vermittlung aus dem Jenseits der medialen Kraft eines Schimpansen bediente, welch letzterer plötzlich in einer spiritistischen Sitzung die wunderbarsten Zeichnungen verfertigte.

Aber nicht nur solche, wohl mehr als indirekte Zeugnisse vom Vorhandensein der Geisterwelt anzusehenden Beweisstücke sind in diesem Museum vorhanden, sondern auch eine Menge von Geisterhand apportierte Gegenstände von viel realistischerer Art. So enthält dies Museum auch eine nicht geringe Anzahl von Kartoffeln und Rüben, die telekinetisch, d. h. durch Fernbewegung, ohne sichtbare Hände, von einem Platz zum anderen bewegt wurden, sowie Blumen und Früchte, die von den Geistern aus den entferntesten Gegenden in einem Augenblick herbeigeschafft wurden.

Das Museum besitzt geradezu eine ganze Gärtnerei von astral apportierten Pflanzen und Blumen, die im gewöhnlichen Zustande zwar vertrocknet erscheinen, wie die Blumen und Pflanzen in einem Herbarium, die aber die ungewöhnliche Eigenschaft besitzen, in kürzester Zeit wieder aufzublühen, wenn sie mit magnetischen Wassern bespritzt oder von dem Hauche eines Magiers berührt werden.

Gleichfalls enthält dieses Museum einige Stoffreste der Kleider von Geistern, die in spiritistischen Sitzungen ergriffen wurden und einige Fetzen ihrer Kleidungsstücke zurückließen.

Als besondere Raritäten befinden sich in diesem Museum auch einige Hände und Füße von Geistern, die sich in Wachs und Paraffin ganz deutlich abgezeichnet haben und vielfach Abnormitäten bezüglich der Größe oder der Anzahl der Finger und Zehen aufweisen, wie man sie niemals bei menschlichen Wesen findet.

Der Clou dieses Museums aber sind einige vollkommen materialisierte Geister, die ihre Gestalt in ganzer Figur auf dem physischen plane zurückgelassen haben.

Die Sachverständigen haben sich die Köpfe darüber zerbrochen, aus welchem Material diese vollkommen materialisierten Geistergestalten eigentlich bestehen, und man ist schließlich zu der Ansicht gekommen, dass die Materie dieser Gestalten teils wachs-, teils harzähnlich ist, teils aber auch leder-, holz- und gipsartig, oder jedenfalls in kürzester Zeit auf dem physischen Plane diese Beschaffenheit angenommen hat.

Es bedarf weiter keiner Ausführung, dass niemand anders als Conan Doyle der geeignete Mann dafür war, den fast schon hoffnungslosen Fall der Miss Florida noch in letzter Stunde aufzuklären, und meine einzige Sorge bestand nur darin, ob es auch gelingen würde, ihn für das Schicksal der Miss Florida so ernsthaft wie es nötig war zu interessieren.

Ich schrieb ihm deswegen recht eingehend und ausführlich über alles was ich wusste und vergaß dabei auch nicht den Skarabäus sowie den Diamantenschmetterling zu erwähnen, sowie auf jenen Umstand hinzuweisen, dass der Staub auf dem Teppich in der „Goldenen Nachtmütze“ mir zuerst wie der Staub von Schmetterlingsflügeln erschienen war.

Vielleicht konnten gerade diese Umstände für Conan Doyle einen besonderen Anreiz bieten, denn jedermann weiß ja, dass Conan Doyle sich ganz besonders für Schmetterlinge und Käfer interessiert. Ist doch ein besonders raffinierter Verbrecher in einer seiner Erzählungen (nämlich im Hund von Baskerville), ein hervorragender Schmetterlingsjäger, während in einer anderen Erzählung die Rückenzeichnung eines Käfers insofern von Bedeutung ist, als sie geeignet war, bei einem schottischen Grafen eine magische Besessenheit hervorzurufen.

Endlich vergaß ich auch nicht jenes Spitzentaschentuch zu erwähnen, das sich im Hotelzimmer gefunden hatte, sowie die Fotografie, die mir seinerzeit der Vater der Miss Florida als Anerkennung für geleistete Dienste zum bleibenden Gedenken verehrt hatte.

Alle diese Gegenstände waren sicherlich geeignet für den magischen Rapport, wie er bei allen okkulten Forschungen erforderlich ist.

Achtes Kapitel

Conan Doyle nimmt sich des Falles an

Mehrere Tage wartete ich vergeblich auf eine Antwort, dann, als ich die Hoffnung fast schon aufgegeben hatte, erhielt ich aus London ein Telegramm, das die Ankunft des Meisters schon in den nächsten Tagen per Flugzeug in sichere Aussicht stellte.

In begreiflicher Erregung erwartete ich an dem bestimmten Tage den großen Meister auf dem Flugplatz.

Ich hatte nur ein sehr unklares Bild von seiner äußeren Person. Ich stellte ihn mir lang und hager vor, mit blassem Gesicht und messerscharfem Profil.

Sicherlich hatte er stets die Shagpfeife im Munde und den scharf geladenen Revolver in der Tasche des karierten Reisepaletots.

Ob er Haare besaß und von welcher Farbe dieselben waren, darüber konnte ich mich natürlich nur in Vermutungen ergehen, doch hatte ich die visionäre Vorstellung einer Sherlock-Holmes-Locke von ähnlicher Art, wie sie Napoleon trug, wobei natürlich die stilgemäße Vereinigung dieser Locke mit der englischen Reisemütze, von der ich aus den vielen Schriften des Meisters mit Bestimmtheit wusste, noch ein Problem besonderer Art darstellte.

Pünktlich zur festgesetzten Minute erschien das Flugzeug am Himmel, und einige Augenblicke später befand ich mich bereits dem großen Meister von Angesicht zu Angesicht gegenüber.

Ich muss gestehen, dass mich der Meister im ersten Augenblick recht enttäuschte und das Äußere seiner Person auch nicht im Geringsten meiner Vorstellung entsprach.

Conan Doyle war gar nicht lang und hager, sondern ziemlich klein und beinahe rundlich. Er besaß keineswegs ein messerscharfes Profil, sondern sah eher schläfrig und müde aus.

Er erweckte den Eindruck eines durchaus harmlosen und bescheidenen Menschen, dessen breite Gesichtszüge ein wenig an eine Bulldogge erinnerten, in keiner Weise aber eine ungewöhnliche Geistesschärfe verrieten.

Ich fand wieder einmal meine Beobachtung bestätigt, dass große und berühmte Männer vielfach ein ganz unscheinbares Äußere besitzen, und nur der Aberglaube der Zeitgenossen ihre Stirnen höher reckt, ihre Nasen adlermäßig krümmt und ihre Augen feuriger erstrahlen lässt.

Besonders auffallend war an seiner linken Schläfe eine große Warze, deren Vorhandensein es nur schwer begreifen ließ, dass ihn die Verbrecher trotz der vielen Verkleidungen, deren er sich ja so häufig auf seinen Streifzügen zu bedienen pflegte, nicht immer gleich erkannten.

Auch das Gespräch, das der Meister mit mir anzustellen beliebte, bewegte sich in durchaus alltäglichen Bahnen, wobei er gewöhnlich langsam und stockend sprach, hin und wieder aber auch recht lebhaft werden konnte.

Er beherrschte die deutsche Sprache ziemlich dürftig, weshalb wir uns auf englisch unterhielten.

Nach einigen Komplimenten über die schöne Stadt Augustenburg, die er allerdings bisher nur von oben gesehen hatte, fragte er mich unversehens, wie es käme, dass ich ihn sofort erkannt hätte. Es interessierte ihn sicherlich, meine eigenen Methoden als Detektiv kennenzulernen, denn das Flugzeug war von mehr als einem halben Dutzend Herren besetzt gewesen, so dass ein Irrtum durchaus nicht ausgeschlossen erschien.

Als ich ihm daraufhin erklärte, dass auf seinem Koffer mit großen Buchstaben C. D. zu lesen wäre, lobte er meinen Scharfsinn und erklärte meine Methode für ebenso einfach wie gut. Überhaupt hätte er sofort aus meinem Briefe ersehen, dass ich ein Mann von Talent sei, und es bereite ihm deshalb eine besondere Freude mit mir zusammen zu arbeiten.

Es mag von Eitelkeit zeugen, dass ich dieses Lob des Meisters besonders erwähne, aber ich muss gestehen, dass die schlichte Anerkennung meiner bisherigen Bemühungen durch den berühmtesten Detektiv und Hellseher der Welt, meine Brust stolzer schwellen ließ als alle jene Dankesschreiben, die ich mir in meiner langjährigen Praxis als Privatdetektiv erworben habe.

Wir hatten inzwischen das Auto bestiegen und fuhren ins Hotel „Zum silbernen Schwan", wo die Ankunft des Meisters bereits erwartet wurde und ein Zimmer für ihn reserviert war.

Nun soll man zwar niemals bei magischen Unternehmungen an seinen eigenen Vorteil denken, die Gelegenheit aber war so ungewöhnlich, dass ich es doch nicht unterlassen konnte, ihn unterwegs um einen besonderen Tipp für die Börse zu bitten, denn es ist natürlich dem wirklichen Hellseher eine Kleinigkeit, auch die zukünftigen Börsenkurse vorauszusehen.

Der Meister empfahl mir bestimmt und ohne jede weitere Erläuterung schwedische Zündhölzer zu kaufen.

Dieser Rat erschien mir jedoch so seltsam, dass ich mich nicht entschließen konnte ihn zu befolgen, zumal in meiner Wohnung auch kein Platz vorhanden war für eine solche Menge von Streichholzschachteln, dass es sich wirklich rentieren konnte.

Erst vier Wochen später, als an der Börse die „Svenska Tändsticken" eingeführt wurden und noch sehr erheblich im Kurs stiegen, erst da verstand ich den Rat des Meisters und ersah aus dem Kurszettel, dass ich in der Tat einen schönen Gewinn für mich gebucht hätte, wenn ich den Rat gleich richtig verstanden und befolgt hätte.

Im Hotel angekommen, bestand der illustre Gast darauf, seinen Koffer eigenhändig in sein Zimmer zu tragen und achtete streng darauf, dass dieser von niemand berührt wurde, was beinahe einen Konflikt mit dem Portier und dem Hausdiener hervorgerufen hätte, die das Verhalten des Meisters nicht begreifen konnten. Sie wussten eben nicht, dass der neue Gast ein

großer Magier war und in seinem Koffer sich Dinge befanden, die auch nicht einmal die indirekte Berührung durch fremde Hände vertrugen.

Während Conan Doyle es sich in seinem Zimmer bequem machte, gelang es mir endlich, auch auf den eigentlichen Anlass seiner Reise zu sprechen zu kommen und den neuesten Stand der Angelegenheit in allen Einzelheiten zu erörtern.

Während meines Vortrages schien der Meister, der sich in einem Sessel niedergelassen hatte, in vollkommene Lethargie zu versinken. Ein nicht sehr scharfer Beobachter hätte glauben können, dass der Meister nicht zuhörte oder gar eingeschlafen war; wer aber seine Art und Gewohnheit näher kannte und aus seinen Schriften wusste, dass er gerade dann am tätigsten zu sein pflegt, wenn er vollkommen untätig erscheint, für denjenigen konnte kein Zweifel darüber bestehen, dass er nicht nur auf das genaueste zuhörte, sondern sich bereits in dem Stadium der magischen Konzentration befand.

Kaum hatte ich meinen Vortrag beendet, als der Meister auch sofort den Beweis dafür lieferte, dass er den Fall bereits völlig verarbeitet und einen genauen Angriffsplan entworfen hatte.

Es könne nicht zweifelhaft sein, so entschied Conan Doyle, dass jener Mann mit der rosa Maske kein Mensch von Fleisch und Blut, sondern ein Geist gewesen sei. Es handele sich fraglos um einen okkulten Tatbestand von höchster Bedeutung, der nicht mit den gewöhnlichen Methoden zu lösen sei, vielmehr in der unsichtbaren Welt seine okkulte Grundlage habe.

Wie der Meister im Einzelnen auseinandersetzte, gab es zwei Methoden, sich mit der unsichtbaren Welt und den Geistern in Verbindung zu setzen.

Die einfachste Methode bestand darin, den Geist direkt aus der unsichtbaren Welt in die sichtbare Welt zu rufen und ihn zu zwingen, Rede und Antwort zu stehen, wozu man einen Geist auch wider seinen Willen zwingen kann, wenn man nur die magischen Formeln kennt und die Fragen richtig zu stellen weiß.

Für ein solches Beginnen ist aber Voraussetzung, dass man wenigstens den Namen des Geistes zu nennen vermag, den man zu zitieren beabsichtigt, da sonst natürlich eine Anrufung nicht möglich ist.

Nun hatte der Meister allerdings gewisse Vermutungen

über die Art und Beschaffenheit des Geistes, der sich in Augustenburg gezeigt hatte, letzten Endes aber war er, wie er offen zugab, über den Namen des Geistes dennoch im Unklaren.

Während diese Methode den Weg einschlug, den normalerweise unsichtbaren Geist in die sichtbare Welt zu rufen, gab es umgekehrt noch die andere Methode, sich selbst oder wenigstens mit einem gewissen Teile der eigenen Wesenheit in die unsichtbare Welt zu begeben und den Geist in seinem eigenen Reiche aufzusuchen, ein Beginnen, das natürlich ungleich schwieriger und gefahrvoller war, dafür aber auch den Vorteil der höheren Gewissheit bot, und die Möglichkeit der genauen Erforschung der Begebenheiten der Vergangenheit.

Alle Ereignisse der Vergangenheit hinterlassen nämlich in der unsichtbaren Welt wirkliche und deutliche Spuren, die als Formen und Bilderfetzen von mehr oder minder Dichtigkeit noch eine Weile fortbestehen, um erst ganz allmählich wieder zu vergehen.

Aus diesem Grunde ist es dem geübten Hellseher durchaus möglich, auch den Tatbestand vergangener Ereignisse wieder Körnchen zu Körnchen, Faden an Faden, Fetzen an Fetzen zu dem gewebten Teppich der sogenannten astralen Bilder aufzusammeln.

Die Körperlichkeit des Menschen ist aber im normalen Zustande allerdings von viel zu grober Beschaffenheit, um die feineren Schwingungen und Strahlungen der unsichtbaren Welt in sich aufnehmen und zu verarbeiten.

Es muss deshalb zunächst eine Umschaltung des normalen Bewusstseinszustandes in einen solchen höherer Art erfolgen, was eine Lockerung und Loslösung gewisser Teile des inneren Menschen von seiner äußeren Hülle zur Folge hat.

Man bedient sich hierzu wiederum verschiedener Methoden, worüber ich mich aber hier noch nicht des Näheren auslassen möchte, da Conan Doyle es zu dieser Zeit noch nicht für gut befand, mich darüber des näheren zu unterrichten.

Genug, — der Meister hatte die Absicht, die zweite Methode zu wählen und sich selbst in sogenannter astraler Gestalt in die unsichtbare Welt zu begeben, um dort die Bilder der Vergangenheit noch einmal lebendig werden zu lassen. — —

War die Kühnheit eines solchen Planes schon ganz gewiss frappierend, so begann mich die Konsequenz seines Vorgehens allmählich doch in Angst zu versetzen, als er noch außerdem die Absicht äußerte, den Geist ganz einfach — gefangen zu nehmen.

Ich muss gestehen, dass sich alles in mir sträubte, bei einem solchen Unternehmen mitzuwirken, und wenn der Meister mir zu Anfang noch ganz natürlich und wie ein gewöhnlicher Mensch erschienen war, so wurde mir seine Person jetzt doch so unheimlich, dass seine Gegenwart ein ähnliches Gefühl in mir auszulösen begann, wie es im Mittelalter die Universitätsprofessoren (die bekanntlich bei allen Hexenprozessen ein Urteil abgeben mussten) verspürt haben mögen im Angesichte eines alten Weibes mit einem Hauerzahn, das im Besitz eines großen schwarzen Katers befunden wurde.

Der Meister schien jedoch nichts von meiner starken Befangenheit zu bemerken, er kramte nur sehr geschäftig in seinem Koffer und zog aus demselben ein recht merkwürdiges Ding hervor, das er mir dicht vor das Gesicht hielt.

„Dieses“, so sagte er bedeutungsvoll, „ist die Waffe, mit der ich dem Geiste zu Leibe gehen werde.“

Einem naiven Menschen wäre diese Waffe vielleicht als nichts anderes denn ein Schmetterlingsnetz erschienen. In Wirklichkeit aber war dies Ding der sogenannte magische Kreis, eine Zauberwaffe, die ungleich stärker ist als zum Beispiel das Pentagramm, mit dem man höchstens nur Naturgeister einfangen kann, während der magische Kreis die vollkommenste Waffe ist, die es überhaupt nur gibt, und sowohl auf der sichtbaren wie der unsichtbaren Ebene die gleiche Durchschlagskraft behält.

„Dies aber ist das Bauer, in das wir den Vogel setzen werden."

Der Meister hatte aus seinem Koffer noch außerdem eine rundliche Flasche von etwa Kindskopfgröße hervorgeholt, die mit eisernen Bändern fest umschlossen war, und an deren Stöpsel sich ein rotes Lacksiegel mit einem merkwürdigen und altertümlichen Zeichen befand. Wie Conan Doyle mir erklärte, war es das magische Siegel Salomonis, das bekanntlich Macht über alle Geister verleiht.

Trotz dieser magischen Zauberwaffen wurde meine Zuversicht zu dem Unternehmen nicht gerade größer. Ich verbarg jedoch meine steigende Befangenheit hinter scheinbar sachlichen Einwänden, indem ich darauf hinwies, dass mir die Flasche viel zu klein erschiene, um darin einen Geist zu fangen, der doch ungefähr die Größe einer menschlichen Gestalt besitzen sollte.

Der Meister sah mich sofort missbilligend an. „Sie sind im Irrtum," sagte er nur kurz, „denn die Geister können sich so groß und so klein machen, wie sie wollen. Es gibt Geister, die eine ganze Stadt oder ein Haus zerstören und dennoch in einem Fingerhut genügend Platz und Unterkunft finden. Der Geist mag sich in seinem Gefängnis strecken wie er will, wir haben keine Ursache, es ihm auch noch bequem zu machen."

Ich versuchte noch verschiedene andere Einwände, aber der Meister ließ sie alle nicht gelten. Schon am nächsten Abend sollte die große spiritistische Sitzung stattfinden, in deren Verlauf er den Geist gefangen zu setzen und das Geheimnis der Miss Florida zu ergründen hoffte.

Neuntes Kapitel

Die große spiritistische Sitzung

Schwere Träume ängstigten mich in der nächsten Nacht. Teufel und Hexen in fremdländischer Gewandung tanzten um meine Lagerstätte und ich wachte schließlich schweißgebadet auf, von einem scheußlichen Unhold schwer bedrängt, der sich auf meine Brust gelegt hatte und den ich nur mühsam wieder abzuwälzen vermochte.

Erschreckt setzte ich mich aufrecht im Bett und suchte die Dunkelheit mit meinen Augen zu durchdringen, aber es war alles nur ein schwerer Traum gewesen, dessen Gesichte der Wirklichkeit des Erwachens nicht standhalten konnten.

Das erste Morgengrauen kündete sich bereits von draußen an, ich wollte mich gerade wieder zur Ruhe legen, da entdeckte ich plötzlich, — es war kein Traum, ich sah es wirklich und wahrhaftig (nicht im Spiegel, sondern vor dem Fenster) —, den Kopf und die Brust eines Esels, der in menschlicher, aufrechter Haltung durch das Fenster schaute.

Ich sah die Gestalt ganz deutlich in dem Fensterrahmen

und bemerkte sogleich, dass der Esel, der einen Kranz aus Rosen um den Hals trug, wohlgebildete und sympathische Gesichtszüge hatte. Er hielt einen Vorderhuf erhoben und schien eine warnende Gebärde damit auszuführen.

Die Erscheinung erschreckte mich keineswegs ungewöhnlich, aber sie kam mir so sonderbar vor, dass ich nicht wieder einschlafen konnte und den Esel noch immer zu sehen glaubte, als er schon längst verschwunden war.

Wenn ich gleich zu einem Traumdeuter gegangen wäre, so hätte ich sicherlich schon damals die Aufklärung erhalten, was dieser Esel zu bedeuten hatte, so aber beunruhigte mich die Erscheinung recht erheblich, und ich war geneigt, sie als ein ungünstiges Vorzeichen anzusehen.

Obgleich ich dem Meister durch Handschlag fest versprochen hatte zur Sitzung zu erscheinen, gewann allmählich doch der Entschluss in mir die Oberhand, nach Möglichkeit der Sitzung fernzubleiben, und da wir keine feste Stunde verabredet hatten, bestand für mich ja schließlich auch keine Veranlassung ängstlich das Haus zu hüten, um etwa auf den telefonischen Anruf des Meisters zu warten.

Ich beschloss, mich einfach von meiner Wohnung fernzuhalten, dann konnte mich eben keine Botschaft oder Anruf erreichen.

Aber ich hatte dabei nicht an die magischen Fähigkeiten Conan Doyles gedacht.

Nachdem ich bereits den ganzen Tag außer dem Hause verbracht hatte, wollte ich, als es dämmerig wurde, mich gerade zu einer Zusammenkunft mit meinen beiden Freunden Hase und Lembke begeben, mit denen ich nämlich einen Skat verabredet hatte, — ich befand mich schon in nächster Nähe des Ortes unserer Zusammenkunft —, da erreichte mich plötzlich der telepathische Fernruf des Meisters mit solcher Heftigkeit, dass ich auf der Stelle umdrehen musste und Schritt für Schritt ganz wider meinen Willen gezwungen wurde, den Weg zum Hotel zu nehmen, bis ich an der Tür des Hotelzimmers stand und abermals ganz gegen meinen Willen anklopfen musste.

Der Meister wusste natürlich ganz genau, wer an seine Zimmertür klopfte, tat aber dennoch ein wenig überrascht.

Er war mit den Vorbereitungen zur Sitzung beschäftigt, die offenbar direkt im Hotelzimmer stattfinden sollte.

Wohl jeder andere hätte zu dieser spiritistischen Sitzung eine besondere Örtlichkeit und besondere Vorbereitungen nötig gehabt, für einen Magier vom Range Conan Doyles genügten aber bereits das einfache Hotelzimmer und ziemlich geringe Vorkehrungen.

Wie ich gleich bemerkte, waren die Fenster abgedichtet und plombiert. Desgleichen war das Schlüsselloch der Tür mit Wachs verstopft und alle Spiegel im Zimmer verdeckt, mit einziger Ausnahme des großen Spiegels, der sich in der Tür des Kleiderschrankes befand, so dass ich sofort die Vermutung hatte, dass dieser Spiegel eine besondere Rolle spielen würde.

Spiegel sind eben schon an sich etwas Magisches, und wenn dem normalen Verstande auch die Spiegelung als etwas Selbstverständliches erscheint, weil altgewohnt, so ist doch in Wirklichkeit jeder Spiegel ein Ding, das bereits etwas mit Zauberei zu tun hat. Man konnte übrigens an diesem Spiegel rein äußerlich nichts Besonderes bemerken, und wenn man die Tür des Kleiderschrankes öffnete, so befand sich nichts dahinter, als was sich hinter jeder Tür eines Kleiderschrankes befindet.

In die Nähe des Kleiderschrankes war ein kleiner Tisch gestellt, um den herum drei Stühle standen, was mich etwas sonderbar berührte, weil wir ja nur zu zweit waren.

Auf meine diesbezügliche Frage erklärte mir Conan Doyle, dass alle Geisterbeschwörungen nur in der Einzahl oder Dreizahl beziehungsweise höheren Anzahl stattfinden könnten.

Die fehlenden Sitzungsteilnehmer, so meinte er ganz ruhig und selbstverständlich, würden sich zu gegebener Zeit schon ganz von selber einfinden.

Wie ich noch weiter feststellte, befand sich jeder der drei Stühle innerhalb eines Fassreifens, während die Füße der Stühle auf kleinen porzellanenen Platten standen.

Conan Doyle erklärte mir, dass diese Fassreifen wiederum den magischen Kreis in sich begreifen täten, diesmal in passiver Abwehr, während die Porzellanplatten dazu dienten, eine Isolation zu bewirken, die gleichfalls vor plötzlichen Angriffen aus dem Geisterreich schützen sollten.

In einer Ecke des Zimmers befand sich das bekannte schwarze Kabinett, wie man es zu jeder spiritistischen Sitzung benötigt, in das sich die Geister zur Sammlung zurückzuziehen pflegen, um die nötige Kraft zur sichtbaren Materialisation zu gewinnen.

Das Kabinett bestand lediglich aus einem langen schwarzen Vorhang, der die Ecke der Wand verhüllte, während hinter dem Vorhang sich noch ein kleiner Tisch sowie ein Stuhl befand, auf dem wahrscheinlich der Geist sich niederlassen sollte.

Da alle Materialisationen stets bei abgeblendetem oder rotem Lichte zu geschehen pflegen, so waren auch rötliche Lichtblenden für die elektrischen Lampen vorhanden.

Endlich waren noch einige sehr merkwürdige Anordnungen der Gegenstände im Zimmer zu erkennen, die bestimmte trigonometrische Figuren ergaben und gewissen magischen Zeichen entsprachen, über die ich mich verpflichtet habe Stillschweigen zu bewahren. Diese magischen Figuren, die bei den modernen spiritistischen Sitzungen vielfach außer Acht gelassen werden, sind keineswegs so unwichtig, wie man es gewöhnlich annimmt. Wenn sie nämlich außer Acht gelassen werden, so ist auch das Resultat ein entsprechend minderwertiges, da ohne den magischen Zwang der Zeichen und Figuren nur Geister geringen Ranges und niedriger Abstammung zu erscheinen pflegen, die ganz nach ihrem Belieben kommen und gehen, ohne der Botmäßigkeit des Geisterbeschwörers zu unterstehen.

Alle Vorbereitungen schienen nunmehr getroffen zu sein, der Zeitpunkt zum Handeln war gekommen.

*

Schon längere Zeit murmelte der Meister Zaubersprüche in einer fremden Sprache, wobei er die Vokale in ganz bestimmter Reihenfolge und Betonung setzte, wodurch bekanntlich von den tibetanischen Zauberern astrale Wirbel hervorgerufen werden.

Nachdem der Meister das elektrische Licht mit den Lichtblenden verhüllt hatte, worauf sofort ein magischer roter Schein im Zimmer entstand, schüttete er ein schwärzliches Pulver in einen mit magischen Insignien versehenen silbernen Becher und zündete dieses an.

Das Pulver knisterte und sprühte eine Weile, explodierte sodann mit einem ziemlich heftigen Knall, worauf sich starke Rauchwolken entwickelten, die mit großer Geschwindigkeit zur Decke stiegen und sich von dort wieder langsam niedersenkten.

Wer da glaubt, dass sich in diesem Rauche sofort wundersame Dinge zeigten, der befindet sich in einem großen Irrtum, denn ich kann mit Bestimmtheit versichern, dass sich zunächst jedenfalls überhaupt nichts dadurch veränderte.

Natürlich aber wurden die Gegenstände im Zimmer etwas undeutlicher und die Gestalt des Meisters erschien mir etwas entfernter und fremder.

Es mag ja auch sein, dass der Rauch gewisse betäubende Wirkung hatte und vielleicht aus diesem Grunde mir alles etwas ferner und undeutlicher erschien. Jedenfalls aber waren die Rauchschwaden niemals die Ursache für das, was sich im nächsten Augenblicke begeben sollte und eben nur durch die starken magischen Kräfte Conan Doyles erklärt werden kann.

Ich vernahm seine Stimme wie aus weiter Ferne. Er befahl mir auf dem mittleren Stuhle Platz zu nehmen und ermahnte mich, möglichst alle Gedanken und Wünsche zu bannen und kein einziges Wort zu sprechen. Ich sollte am besten an gar nichts denken, da durch meine Wünsche und Gedanken das Unternehmen nur gefährdet werden könnte.

Der Meister hatte inzwischen zu meiner Verwunderung Hut und Mantel angezogen und seinen Reisekoffer an sich genommen, in dem sich die Glasflasche und die magische Waffe befanden.

Sonderbarerweise wandte er sich jetzt zur Tür, so dass ich schon dachte, dass er das Zimmer wegen irgendeiner unaufschiebbaren Notwendigkeit auf einen Augenblick verlassen wollte, stattdessen aber geschah plötzlich so etwas Sonderbares, dass ich auch ohne die Ermahnung Conan Doyles vor starrem Staunen gar nicht in der Lage gewesen wäre, irgendetwas zu sagen.

Statt nämlich das Zimmer zu verlassen, nahm Conan Doyle an der Tür eine Stellung ein, als ob er zu einem Wettlaufe antreten wollte. Seine Züge verzerrten sich wie bei einer großen körperlichen Anstrengung, — er zählte laut und vernehmlich:

One, two, three — und dann lief er plötzlich mit voller Gewalt gegen den Spiegel des Kleiderschrankes.

Ich erschrak natürlich heftig und glaubte, dass der Spiegel in tausend Stücke gehen würde, stattdessen war Conan Doyle plötzlich in dem Spiegel verschwunden, als ob in dem Spiegel ein großes Loch gewesen wäre, das ihn verschluckt hätte.

Ich fasste mit der Hand sofort nach dem Glas, aber es war festes wirkliches Glas, das der Hand den gewohnten Widerstand leistete. Nichtsdestoweniger sah ich jetzt in dem Spiegel nicht mehr die Gegenstände im Zimmer und mich selber, sondern stattdessen sonderbarerweise eine Straße und auf dieser Straße Conan Doyle, wie er sich weiter und weiter in ziemlicher Eile entfernte, wobei sich seine Gestalt durchaus nicht verkleinerte, wohl aber fortgesetzt die Straße sich im selben Maße veränderte und näherzukommen schien, wie er sich fortbewegte.

Man konnte fast auf den Gedanken kommen, dass die Straße sich dadurch veränderte, dass Conan Doyle sich bewegte und weiterschritt. —

Es ist ja natürlich, dass sich solche Eindrücke, die eben einer anderen Welt als der normalen entstammen, dem Gehirn und der normalen Anschauungsweise nicht mit der gleichen Deutlichkeit vermitteln wie die Dinge des grobstofflichen Planes. Aber ich werde trotzdem versuchen, alles genau so zu schildern, wie es auf der Tafel meines Gedächtnisses haftengeblieben ist. —

Ich sah zunächst jedenfalls ganz deutlich eine Straße, nur dass diese Straße von etwas anderer Beschaffenheit war, als es sonst eine Straße zu sein pflegt.

Die Häuser und Mauern hatten keine richtige Festigkeit, sondern waren wie wehende Fetzen und Schleier. Es zeigte sich alles in nur schwach angedeuteten Formen und Farben, wie hinter Gazeschleiern verborgen.

Die Häuser mit ihren Giebeln wankten und schwankten wie betrunken oder drohten einzustürzen, und die Straße, auf der die Gestalt des Meisters von einer Nebelwolke umgeben zu sehen war, schien wie ein wehendes graues Band, das sich hob und senkte.

Flackernde zitternde Augen tauchten überall auf als Reflexe von Lichtern und Laternen, die sich schnell vergrößerten und ebenso schnell wieder auseinanderflossen.

Lange Arme mit Schildern und Plakaten, mit großen Scheren, Barbierbecken oder Brillenglasern streckten sich vor, an denen kleine Buchstabenkobolde kletterten, die sich bald auf den Kopf stellten, bald im Kreis tanzten oder auch in Reihe und Glied marschierten.

Seltsame, verbildete Tiere kletterten an den Laternenpfählen und Vorsprüngen der Häuser, Salamander, die Stiefel herunterreichten, Hunde mit Gummiabsätzen im Maul, Katzen und Affen, die Marken und Muster zwischen ihren Pfoten hielten.

Die Waren und sonstigen Gegenstände in den Schaufenstern, Zigarren und Bücher, Teller und Tassen, Messer und Gabeln, Stoffe und Kleider, wurden seltsam lebendig, bekamen Hände und Füße, Leiber und Gesichter, und je weniger sie Form und Gestalt ursprünglich besaßen, desto mehr wollten sie den Anschein des Lebens erwecken, um gleich darauf wieder aus der angemaßten Formung in das Nichts zurückzusinken.

Alles war im beständigen Wechsel, sich bald vergrößernd, bald wieder zusammenziehend, bald zur größeren Klarheit werdend, bald sich wieder in unklare Reflexe und formlose Lichtgebilde lösend.

Nur die Gestalt des Meisters war der einzige ruhende Punkt in der Erscheinungen Flucht, aber seine Körperlichkeit war gleichfalls von besonderer Beschaffenheit. Wenn er in die Nähe eines Ladenfensters kam, so sah man die Gegenstände im Schaufenster durch seine Gestalt hindurch.

Er bewegte sich seltsam schwankend und gleitend wie auf dem Deck eines Segelschiffes und strebte offenbar zu der Litfaßsäule in der Nähe des Cafés „Ausblick“, die denn auch bald in Erscheinung trat, aber wiederum einen ganz anderen Anblick gewährte als die Litfaßsäule auf dem grobstofflichen Plane.

Die Gestalten, die sonst nur als leblose Formen und Farbflecke daran klebten, schienen aus dem starren Bann zu erwachen und mit ihren Armen aus den Plakaten sich plastisch herauszuheben.

Ein Türke, der noch einen Fez trug und ein kleiner Mohrenknabe reichten mit plastischem, beweglichen Oberkörper Zigaretten und Schokoladentafeln von der Litfaßsäule herab, und ein Schiffer mit blauer Hose und Holzpantoffeln, der einen tönernen Schnapskrug nebst Schnapsglas auf einem Tablett trug, stieg ganz einfach von dem Plakat herab, um dem Meister einen „Doornkat“ anzubieten. Eine Tänzerin aus einem Plakat tanzte einen kleinen Probetanz, während noch andere Gestalten dem Meister direkt den Weg vertraten und Muster und Proben mit Anpreisungen und Aufforderungen entgegenreichten, die ihnen als langgezerrte Bänder aus dem Halse flatterten.

Jeder Geringere als Conan Doyle hätte sich sicherlich durch diese Gestalten irreführen lassen, oder wenigstens für einen Augenblick ihnen seine Aufmerksamkeit zugewandt, aber der Meister war durch nichts von seinem Wege abzubringen, denn er wusste genau, dass es keine wirklichen Geister waren, sondern nur Schemen und Schatten,— letzte Reste der grobstofflichen Welt, die sich dem astralen Auge einen Augenblick länger einzuprägen suchten, als sie es ihrer wahren Natur nach beanspruchen konnten.

Von dem wirklichen Geiste, dessen Fährte der Meister in der unsichtbaren Welt mit sicherem astralen Instinkt verfolgte, war jedenfalls in der Nähe der Litfaßsäule keine Spur zu entdecken, weshalb der Meister in der Richtung weiterstrebte, die ihn zur „Goldenen Nachtmütze“ führen musste.

Seine Gestalt verschwand einen Augenblick in der Dunkelheit, um gleich darauf wieder vor einem Kristallfenster sichtbar zu werden, wo ein paar tanzende Buchstabenkobolde den Vorübergehenden verrieten, dass sich hier die „Goldene Nachtmütze“ befand.

Das Lokal stellte sich astral allerdings zunächst nur als eine etwas hellere Nebelwolke dar, in der sich eine türartige Öffnung zeigte, zu der einige Stufen hinaufführten. Bei näherem Zusehen konnte man aber hinter der Kristallscheibe bereits in schwachen Umrissen auch die Innenräume der „Goldenen Nachtmütze“ gewahren, die gleich darauf seltsamerweise vor der Glasscheibe zu liegen schienen.

Es zeigte sich dabei zunächst alles nur in zweidimensionaler Form. Die Stufen der Treppe schienen nicht gangbar zu sein. Ebenso erschienen die einzelnen Räume des Lokales nicht in der gewohnten dreidimensionalen Perspektive, sondern sahen wie ineinander geschachtelte Kasten aus.

In demselben Maße aber, wie der Meister die Stufen trotzdem hinaufschritt und durch die Tür sich in die Innenräume der „Goldenen Nachtmütze“ begab, in demselben Maße wurden die Stufen gangbar und schoben sich die ineinander geschachtelten Kästen auseinander, so dass sich durch die Bewegung des Meisters der Raum ganz natürlich wiederherstellte.

Schon im nächsten Augenblick war die Gestalt des Meisters in dem astralen Bilde verschwunden.

Er hatte, wie es sich später zeigte einen versteckten Beobachtungsposten gewählt.

Während bisher die Dinge im Spiegel keine Sekunde dasselbe Aussehen behalten hatten, sondern alles wie ein buntes Kaleidoskop durcheinanderwechselte, verschwand in demselben Augenblicke, als der Meister sich niederließ, die bewegte Gestaltung, an deren Stelle das einzelne Bild verharrte.

Der Anblick, den jetzt die Innenräume der „Goldenen Nachtmütze" gewährten, war zunächst noch ziemlich unvollkommen, und alle Gegenstände, wie Tische und Stühle oder sonstige Inventarstücke, waren nur in phosphoreszierenden Umrissen zu erkennen.

In den Ecken und an der Decke zeigten sich merkwürdige astrale Gebilde. Es hockte und klebte darin wie fledermausartige kleine Wesen, die traubenartig wie Bienenschwärme aneinander saßen und mit unzähligen wesenlosen Augen sich gierig in das dämmernde Dunkel saugten. Kleine sogenannte Elementel waren es, astrale Wesen niederster Sorte, wie sie vielfach an Orten zu hausen pflegen, die ihren üblen astralen Gelüsten Anregung und Nahrung bieten.

Menschen, wirkliche Menschen waren für das nichtgeübte astrale Auge anfangs nicht zu entdecken. Es saß da nur so etwas wie blasenartige Gebilde mit einem ballonartigen Ansatz, in dem sich einige Einschnitte und Öffnungen zeigten, die man bei einiger Phantasie vielleicht als Nasen, Ohren und Münder von Menschen deuten konnte.

Andere dieser blasenartigen Gebilde, die alle von einem nebelartigen Ring umgeben waren, hatten große pilzähnliche Aufsätze, unter denen sich hin und wieder andeutungsweise ein kleines Gesichtchen zeigte, wie aus Pappe ausgeschnitten oder aus Tüll zurechtgedreht und dann mit Farbstoffen angemalt, oder mit Puder und Schminke beklebt.

Alle diese Gebilde saßen vollkommen reglos wie von tiefem Schlaf befangen und nur an der Stelle, wo man wohl die Augen vermuten konnte, zeigten sich manchmal kleine funkelnde Lichter, die gierig und tastend im Raum schwankten.

Der Meister hatte fraglos bereits den richtigen Schauplatz aufgefunden, aber es bedurfte noch eines besonderen Anstoßes, um die latent vorhandenen Schwingungsbilder so in Bewegung zu setzen, dass sie zu lebendigen Bildern der Vergangenheit wurden. Das Mittel nun, diesen Anstoß zu geben, ist kein anderes als die Musik, — — eins der wunderbarsten Zaubermittel, die es in der Welt überhaupt nur gibt, denn jedes Ding ist in der Tat in Wirklichkeit nur umgesetzte und umgewandelte Musik.

Jede Form, jede Farbe entspricht einem bestimmten Ton. Musik ist Ordnung und Regel nach dem Gesetz der Harmonie. Die Resonanz gebar den Raum und das Tempo schuf die Zeit. Der Zusammenstoß der Töne und ihre Wiederkehr bewirkte den Rhythmus. Musik hat das ganze Weltall hervorgebracht, denn am Anfang war nicht, wie es jener Faustus vermeinte, das Wort, die Tat oder der Sinn, — — — am Anfang war Musik.

Musik aber, jeder Magier weiß es ganz genau, Musik ist auch das Zaubermittel, das die Geister lockt. Sie alle werden von der Musik bezwungen, selbst die wildesten und bösartigsten werden zahm wie kleine Kinder.

Es waren jedenfalls plötzlich die Klänge einer zauberischen Musik zu vernehmen, die anfangs sich nur ganz leise zu erheben schien, dann aber immer lauter anschwoll, und als deren Urheber nur der Meister in Frage kommen konnte, den ich einen Augenblick wieder gewahrte, wie er mit der Hand recht seltsame Bewegungen ausführte, fast so, als ob er ein Orchester dirigierte.

Ich habe ganz vergessen zu erwähnen, dass Conan Doyle bei seinem astralen Abgange auch einen besonderen Kasten in seinen Koffer tat, der an einen Radioapparat erinnerte, an dem aber ein metallener Stab mit einem Ring befestigt war.

Die Mitnahme dieses Apparates erschien mir damals ziemlich unverständlich. Es konnte aber keinem Zweifel unterliegen, dass dieser Apparat nichts anderes war, als das von Professor Theremin und Herrn Mager erfundene Sphärophon, mit dem man lediglich durch die Bewegungen der Hand die Töne formt, die unmittelbar aus dem Äther eingefangen werden.

Die Einrichtung dieses Sphärophons ist dem Laien ziemlich schwierig zu erklären, aber das Instrument vermittelt jedenfalls dem menschlichen Ohre eine sehr viel höhere Anzahl von Schwingungen, als es mit den bisher bekannten Instrumenten möglich ist. Es werden deshalb auf diese Weise bereits astrale Schwingungen in die grobstoffliche Welt hinübergeleitet, und zwar nicht nur solche akustischer Art, sondern bereits auch optischer, denn auf der astralen Ebene liegen diese Schwingungen sehr dicht beieinander, oder gehen vielmehr direkt ineinander über.

Während es Professor Theremin noch nicht im vollen Maße gelungen ist, das Sphärophon auch als Farbenorgel zu verwenden, schien Conan Doyle dieses Instrument bereits mit einer viel höheren Kunst handhaben zu verstehen.

Kaum waren nämlich die ersten Töne des Sphärophons erklungen, als sich sofort eine besondere Wirkung zeigte. Es ging etwas vor sich, es entstand eine Bewegung im Raum, die zunächst allerdings das Gegenteil der beabsichtigten Wirkung hatte.

Die von der Musik hervorgerufenen Erschütterungen der Luft versetzten das bereits vorhandene, wenn auch noch unvollkommene astrale Bild in zitternde wellenartige Bewegung.

Die Konturen der Dinge flossen zunächst durcheinander, bis alles schließlich ganz von Nebelgebilden verschleiert und zugedeckt war.

Aber wie der Spiegel der Quelle, wenn das Wasser bis zum Grunde aufgerührt und trübe geworden ist, gleich darauf wieder in umso größerer Reinheit erstrahlt, so war es gleich darauf, als ob eine Zauberlaterne ihre bunten Strahlen entsandt hätte, die allen Dingen leuchtende Farben und durchsichtige Klarheit verlieh.

Nun traten die Formen der Tische und Stühle deutlicher hervor, weiße Tücher und Decken zogen sich darüber wie von unsichtbaren Händen hervorgezaubert, kleine Vasen und Blumen stellten sich ganz von selber auf den Tisch, und Gläser und Flaschen entstanden aus kleinen farbigen Blasen und Strahlungsgebilden, die sich zu Kelchen und kristallenen Gläsern verwandelten, in denen mit wunderbarer Schnelligkeit bunte Flüssigkeiten wie kleine artesische Brunnen emporstiegen.

Gleichzeitig veränderten sich auch die astralen bewegungslosen Larven, die um die Tische hockten. Die ballonähnlichen Auswüchse der blasenartigen Gebilde bekamen menschliche Gesichtszüge, Augen, Ohren und Nasen, sogar Haare wuchsen auf den kahlen Platten und unter den großen pilzähnlichen Aufsätzen, die eben nichts anderes waren als astrale Damenhüte, erwachten verschlafene Nachtschmetterlinge zu lebhafter Regsamkeit.

Ein Aufatmen und Erwachen gingen durch den Raum. Hände und Glieder bewegten sich, ein Raunen und Flüstern erhob sich, das zu dumpfem Gemurmel anschwoll und bald näher, bald entfernter herübertönte.

Es war Conan Doyle wahrhaftig gelungen, durch seine musikalischen Experimente die astralen Schwingungsbilder, die latent an diesem Orte vorhanden waren, aus dem Nichts bis zu jener plastischen Bildhaftigkeit hervorzuzaubern, wie sich alles an dem Abend dargestellt haben mochte, als sich die rätselhaften Ereignisse in der „Goldenen Nachtmütze" begaben.

Die Dinge waren nicht ganz von derselben Dichtigkeit und Festigkeit wie die Materie des grobstofflichen planes, sondern mehr wie aus jenem Stoff, aus dem man die Träume macht. Aber die Wirklichkeit der Dinge war darum in der astralen Stofflichkeit keine wesenlosere, als die des grobstofflichen Planes. Vielmehr befanden sich alle Dinge in einer höheren Spannung und Lebendigkeit, und es tat der Wirklichkeit der Erscheinung durchaus keinen Abbruch, dass man durch die menschlichen Gestalten hindurch hin und wieder eine Stuhllehne oder einen Tischrand sah, und ihnen manchmal ein Arm oder Bein oder auch der Kopf auf einige Augenblicke fehlte, wenn nämlich der astrale Stoff für die ganze Gestalt momentweise nicht ausreichen wollte.

Aber es war Conan Doyle nicht nur gelungen, die astrale Wirklichkeit in plastische, bildhafte Erscheinung zu bringen, sondern es war ihm auch bereits geglückt, eine recht sonderbare neue Gestalt in dem astralen Netz einzufangen.

Es huschte da etwas in Wirbeln an dem Boden wie ein kleiner Irrwisch. Es lief und trippelte zwischen den Stühlen in fabelhafter Geschwindigkeit.

Ein paar winzige Füßchen mit kleinen Lackschuhen und geblümten Seidenstrümpfen bekleidet wurden sichtbar, die lautlos über dem Boden schwebten. Ein paar kleine Frackschöße flatterten in der Luft, und ein Zylinderhütchen bewegte sich schwankend, wohl nur einen Fuß hoch über dem Boden.

Ein seltsamer kleiner Zwergkavalier mit winzigen Fledermausflügeln trieb sich in dem astralen Bild mit einer ungewöhnlichen Lebendigkeit herum und machte sich emsig zu schaffen.

Mit unglaublicher Gewandtheit hantierte dieses Bürschchen mit Gläsern und Flaschen, die viel größer waren als seine eigene Gestalt und sich in seinen winzigen mit weißen Glacéhandschuhen bekleideten Händchen ganz von selber immer wieder füllten, ohne dass jemand zu bemerken schien, von welch sonderbarem Kellner er bedient wurde.

Manchmal griff das Bürschchen mit seinen Zwerghänden in die Luft und fing sich bunte Sternchen und Flammen, die es in die Gläser und Flaschen tat, um sie dann als lange Fäden wieder herauszuziehen. Oder der kleine Geselle ließ die Strahlen zu bunten Stäbchen und Figuren werden, die er wie ein geschickter Jongleur auf seinen Armen und Schultern tanzen ließ, um sie dann wieder in die Gläser und Flaschen zurückzusenden, wenn ihn das Spiel nicht mehr ergötzte.

Dazwischen huschte der kleine Bursche behände von einem Tisch zum andern, flüsterte bald diesem bald jenem etwas ins Ohr, kitzelte die Menschen an der Nase oder der Glatze, kroch unter die Stühle, oder saß wippenden Fußes auf dem Rand des Tisches.

Das Treiben dieses kleinen Kavaliers mit den Fledermausflügeln sah wie ein harmloses Sichvergnügen ohne Zweck und Absicht aus, aber in Wirklichkeit spannen sich bunte Zauberfäden von Tisch zu Tisch, auf denen mit Leichtigkeit die Wellen der Sympathie von einem zum andern, von Männlein zu Weiblein hinüberglitten und recht sonderbare Wirkungen verursachten.

Diejenigen, die eben noch vereinzelt saßen, hatten sich gleich darauf zu Pärchen vereinigt. Die Augenpaare versenkten sich tiefer ineinander, die Hände und Füße fanden sich heimlich unter den Tischen und ein Schimmer von glücklichem Vergessen stahl sich auch auf die haarloseste Platte und den verwelktesten Scheitel, bis einzelne Pärchen schließlich auf zauberhafte Art und Weise gänzlich von der Umwelt abgeschlossen und von Zauberwänden umschlossen zu werden schienen, so dass sie sich so benahmen, als wenn sie ganz alleine wären.

Alles dieses waren gewiss recht interessante Phänomene, und es blieb mir auch gar nicht zweifelhaft, dass das Phänomen des Zwergkavaliers bereits von der astralen Annäherung des Geistes Zeugnis gab, dennoch wurde mein Auge noch ungleich mehr durch eine andere Erscheinung angezogen, gegen die alle anderen Phänomene verblassten.

Im Vordergrund des astralen Bildes, fast zum Greifen nahe, sah ich plötzlich das wundersame Bildnis einer weiblichen Erscheinung, die sogleich meine allerhöchste Bewunderung erregte.

Welch liebreizendes Antlitz, welche edle Formung der Gestalt. Sollte man glauben, dass es noch Göttinnen gäbe, wie sie im alten Hellas einstmals wandelten, inmitten marmorner Wälder von dorischen, ionischen oder korinthischen Säulen, — in jenen Zeiten, als die Menschen noch in hellen und leuchtenden Gewändern gingen, als es noch keine rauchenden Schlote und vielstöckigen Steinkäsige gab, als der Himmel noch nicht mit einem Netz von Telefon- und Telegrafendrähten versperrt gewesen und mit künstlichen Lichtern abgeblendet war, als es noch kein Hasten und Lärmen gab, sondern menschliche Ruhe und Würde.

Sollte man glauben, dass es Frau Venus selber war, die sich in diesem Bilde verfangen hatte, in einer astralen Materialisation, die nur das Antlitz und die mit einem leichten Flor

bespannte Büste zeigte, während die anderen Teile des Leibes noch nicht materialisiert, unsichtbar in einer silbernen Wolke schwebten.

Die Strahlen meiner Augen betasteten sehnsüchtig die weichen Bogen ihrer Pfirsichwangen, meine Blicke umfühlten die ausdrucksvoll und feingeschnittenen Linien des Mundes und der Rosenlippen, zeichneten die edelgeformte Nase in den Konturen nach, verfingen sich in dem Champagnerschaum der schöngewellten goldblonden Haare, um schließlich festgebannt von ihren Augensternen sich ganz in deren Anblick zu verlieren. Ich sah nicht mehr in zwei Augen, sondern in zwei kleine Zauberspiegel, in denen sich plötzlich alle Schönheit der Welt verfangen hatte und mich mit heftiger Sehnsucht erfüllte ...

Später erst habe ich erfahren, in welcher großen Gefahr ich mich selber in diesem Augenblick befand. Ich schwebte nämlich in Gefahr, dem furchtbarsten Zauber zu verfallen, der überhaupt nur denkbar ist, — jener autosuggestiven Faszination, die den Menschen vollkommen seiner Sinne beraubt, so dass er um eines Wahnes willen alles was er besitzt, sein Gut und sein Leben, ja seine ewige Seligkeit gern hingibt um des Phantomes willen, das er sich selbst gebildet hat.

Jene göttergleiche Erscheinung war nichts anderes, als die ursprüngliche astrale Wesenheit der gesuchten und verschwundenen Dame, und meine eigenen sehnsüchtigen Wünsche, die eben auf dem astralen Plane bereits sehr mächtige magische Kräfte sind, bewirkten so etwas Ähnliches wie einen Kurzschluss zwischen dem astralen und dem grobstofflichen Plane.

Die beginnende Verzauberung meiner eigenen Person Machte sich sofort in dem Umstand bemerkbar, dass ich mich plötzlich nicht mehr wie bisher als Zuschauer außerhalb des Spiegels befand, sondern selbst, oder wenigstens gewisse Teile meines Selbst in den Spiegel hineingezogen wurden.

Ich näherte mich entsprechend den eigenen Wünschen immer mehr der wundersamen Gestalt. Meine Arme griffen schon nach dem göttergleichen Bilde, meine Lippen wollten sich den ihrigen nähern —doch plötzlich, — welch entsetzliche Verwandlung, — je mehr ich mich dem ersehnten Gegenstand näherte, desto lebloser wurden die Gesichtszüge, desto starrer und unlebendiger die Glieder, desto leerer und seelenloser die Augen. Meine Lippen berührten einen kalten geschminkten Mund, und meine Arme umfassten eine leblose Wachsfigur, von deren Scheitel sich eine blonde Perücke löste.

Ich wäre sicherlich bei meiner Unerfahrenheit mit den astralen Gesetzen von einem astralen Wirbel verschlungen worden, wenn nicht der Meister, meine Gefahr bemerkend, durch sein plötzliches Eingreifen meine Rückversetzung auf den grobstofflichen Plan bewirkt hätte.

Der Meister aber geriet durch meine Unbedachtsamkeit nunmehr selbst in eine äußerst schwierige Lage, die ihm arg zu schaffen machte.

Während er nämlich sonst einen günstigeren Augenblick abgewartet hätte, um den Geist zu überraschen, war er nunmehr genötigt, sofort mit der astralen Waffe zum Angriff überzugehen gegen einen Feind, der mit der schnellen Auffassung, die den Geistern eigen ist, bereits die ganze Situation überschaute.

Conan Doyle stürzte jedenfalls plötzlich aus der verborgenen Ecke hervor und schwang gegen den Geist jene Waffe, die eine gewisse Ähnlichkeit mit einem Schmetterlingsnetz hatte.

Es gab eine wilde Jagd über Tische und Stühle, wobei mancherlei Gläser und Flaschen umgeworfen wurden, und die Gegenstände im Raume in Unordnung gerieten.

Auf dem astralen Plane, auf dem sich diese Verfolgung vollzog, geschah freilich alles lautlos, und die Gläser und Flaschen stellten sich ohne zu zerbrechen (eine rein grobstoffliche Eigenschaft der Dinge), ganz von selber wieder auf ihren Platz, als ob sie aus Gummi gewesen wären und an Fäden gezogen würden; aber auf dem grobstofflichen Plane mag es in der „Goldenen Nachtmütze" ein tolles Gepolter gegeben haben, so dass die umwohnenden Einwohner mit Recht der Ansicht sein konnten, dass Poltergeister am Werk waren.

Obgleich der Meister in seiner astralen Körperlichkeit an Gewandtheit und Schnelligkeit jeden Exzentrik-Akrobaten übertraf, so waren dennoch die Zauberkünste des kleinen Geistes so mannigfaltig, dass es ausgeschlossen erschien, dass der Meister des seltsamen Bürschchens habhaft werden konnte.

Jedes Mal, wenn der Meister ihn zu überraschen und in den magischen Kreis zu bannen versuchte, entwischte der Geist auf eine äußerst geschickte Weise, indem er sich ganz einfach an der betressenden Stelle unsichtbar machte und an einem entgegengesetzten Orte wieder erschien. Jedes Mal sprühte dann an der Stelle, wo der Geist verschwunden war, ein kleines Flämmchen auf, das sich rasch vergrößerte und sofort wieder in ein doppeltes Flämmchen spaltete, wenn der Meister es greifen wollte.

Immer mehr bunte Flammen, grüne und rote, blaue und gelbe entstanden aus dem Boden, die den Meister von allen Seiten umhüpften und umtanzten und viel gefährlicher erschienen als seine Zauberwaffe.

Aber ich hatte dennoch die magischen Künste Conan Doyles unterschätzt. Denn als nach einer kleinen Ruhepause die Jagd von neuem begann, geschah plötzlich so etwas Sonderbares und Außergewöhnliches, dass offenbar auch der Geist auf ein solches magisches Geschehen nicht vorbereitet war und darum nicht die entsprechenden Gegenkünste anwenden konnte.

Ich sah nämlich plötzlich zu meiner höchsten Verwunderung, wie sich die Gestalt des Meisters in zwei verschiedene Gestalten spaltete, in deren Hand sich gleichfalls die magische Waffe verdoppelte. Die beiden Gestalten, die übrigens sonderbarerweise weder der Größe noch der Dicke nach gleichartig erschienen, nahmen den Geist in ihre Mitte und deckten ihn in demselben Augenblicke mit der magischen Waffe zu.

Die beiden Hälften Conan Doyles hatten den Geist tatsächlich ergriffen, der wie ein großer gefangener Fisch in ihren Händen zappelte und ihnen arg zu schaffen machte.

Ein wildes Chaos entstand alsbald in dem astralen Bild.

Alles schwankte und stürzte durcheinander.

In tollen Wirbeln begannen Gläser, Flaschen, Tische und Stühle, Garderobenständer und ähnliche Dinge sich durcheinander zu schieben.

Auch die menschlichen Gestalten konnten diesem astralen Wirbel nicht lange standhalten, sondern gerieten in einen Zustand, der sehr ähnlich demjenigen war, wie die kubistischen und futuristischen Maler den menschlichen Körper darzustellen pflegen.

Gesichter, Augen und Ohren, Nasen und Hände verzerrten sich auf die unglücklichste Weise und wurden verschlungen von dem Wirbel von Pelzen und Mänteln, Stiefeln und Kleidern, Hüten und Handtaschen, Röllchen und Vorbindehemdchen und noch intimeren Kleidungsstücken, die sich von den menschlichen Körpern loszulösen begannen und auf eigene

Hand einen wilden Reigen tanzten.

Der astrale Wirbel schien die Tendenz zu einer völlig chaotischen Auflösung zu haben, denn schließlich begannen auch die einzelnen Glieder der anwesenden Personen sich von dem Rumpfe abzulösen, und selbst die doppelte Gestalt des Meisters gewährte einen immer verzerrteren Anblick, bis schließlich von allem nichts mehr übrigblieb als ein buntes bewegtes Kaleidoskop von Dingen, von denen man nicht mehr sagen konnte, was sie ursprünglich gewesen waren.

Zugleich verdunkelte sich der Spiegel, in dem ich dieses alles gesehen hatte, und statt der hellen Fläche gähnte nur noch ein schwarzes Loch, in dem sich dunkle Rauchschwaden durcheinander schoben.

Zehntes Kapitel

Die Sitzung dauert fort

Ich befand mich immer noch allein in dem nur schwach erhellten Zimmer und fürchtete bereits sehr ernstlich für den Meister, dass auch ihn der astrale Strudel vollkommen verschlungen hätte.

Allein nach einer Weile hellte sich der Spiegel wieder auf und zeigte von neuem das anfängliche Bild der Straße, auf der sich diesmal in der Ferne zwei winzige Gestalten zeigten, die rasch näherkamen und sehr bald natürliche Menschengröße erreichten.

Sie trugen gemeinsam den Koffer, den vorher Conan Doyle bei seinem astralen Abgange mitgenommen hatte und schienen recht schwer daran zu schleppen. Die eine der beiden Gestalten war ziemlich klein und gedrungen. Sie glich in mancher Beziehung der Gestalt Conan Doyles und war doch wieder verschieden von ihm.

Die andere Gestalt dagegen war lang und hager und besaß markante und bedeutende Gesichtszüge.

Beide Herren kamen mir sofort bekannt vor, wenn ich im ersten Augenblick auch nicht wusste, wo ich sie hintun sollte.

Sie waren inzwischen immer näher gekommen und traten schließlich zu meiner größten Überraschung einfach und selbstverständlich durch die Glasfläche des Spiegels in das Zimmer.

„Gestatten Sie,“ stellte sich der kleinere von beiden vor, „mein Name ist Watson, Mister Watson aus London.“

„Sherlock Holmes", stellte sich der andere vor, ohne noch etwas hinzuzufügen.

Mein Erstaunen war natürlich grenzenlos. Ich stammelte in meiner Verwirrung ein paar Worte, ohne zu wissen, was ich eigentlich sagte. Sherlock Holmes sah genauso aus wie ich mir Conan Doyle vorgestellt hatte, bevor ich ihn wirklich sah. Er besaß in der Tat das messerscharfe Profil und dem kühnen Blick des Auges, dazu die Sherlock-Holmes-Locke und den karierten Reisepaletot sowie die englische Sportmütze.

Von Watson hatte ich mir keine bestimmten Vorstellungen gemacht. Wer aber die Erzählungen Conan Doyles gelesen hat, weiß ganz genau, dass diese Persönlichkeit bei den von Conan Doyle geschilderten Abenteuern häufig eine gewisse, wenn auch nicht sehr bedeutende Rolle spielt.

Die Anwesenheit der beiden Herren war mir zu Anfang natürlich recht unheimlich, welche Empfindung nicht gerade dadurch verringert wurde, dass ich sehr bald entdeckte, dass beide Herren kein Spiegelbild besaßen und so durchscheinend waren, dass man die Gegenstände im Zimmer durch ihren Körper hindurch erblicken konnte. Auch fehlte ihnen, wie jenen astralen Gestalten im Spiegel, hin und wieder ein Arm oder Bein. Ja, einmal bemerkte ich sogar, dass Watson mehrere Augenblicke lang ganz ohne Kopf war.

„Ich nehme an, dass wir Ihnen bekannt sind", sagte Watson, und es war im Unterton seiner Stimme bereits eine gewisse Empfindlichkeit zu bemerken.

Ich beeilte mich zu versichern, dass mir die Herren selbstverständlich bekannt seien: „Wer sollte Sherlock Holmes nicht kennen, dessen Ruhm die ganze Welt erfüllt, und ebenso ist natürlich jedem auch der sympathische Freund des Sherlock Holmes, der Arzt und Liebehaberdetektiv Dr. Watson bekannt, nur habe ich nicht gewusst, — Sie entschuldigen schon meine Herren, — ich habe nicht gewusst, dass Sie wirklich existieren, sondern Sie für Romanfiguren gehalten, die lediglich ein papiernes Dasein in den Büchern Conan Doyles führen."

„Sie sehen, dass wir wirklich sind, und sofern Sie noch irgendeinen Zweifel haben, so bitte ich nur sich handgreiflich zu überzeugen."

Die anfänglich etwas mangelhafte Körperbeschaffenheit der Herren hatten sich inzwischen schon gebessert, beide Gestalten waren zusehends dichter und fester geworden, und als mir nun Mr. Watson seinen Arm entgegenhielt, da fühlte ich tatsächlich nicht nur den festen Widerstand des Armes, sondern auch genau den Stoff des Ärmels.

„Sie sehen, dass wir wirklich sind," betonte Watson von neuem, „ebenso wirklich wie zum Beispiel Conan Doyle. Es ist ja richtig, wir verdanken ihm unsere Existenz in der Vorstellung der Menschen, nichtsdestoweniger existierten wir schon lange vorher, ehe wir in einem Buch das Licht der Welt erblickten, und sind auch keineswegs an die papierene Existenz gebunden.

Wir können ganz nach Belieben das Gitterwerk der Druckerschwärze verlassen und lebendig in der Welt spazieren gehen."

Ich versicherte von neuem, dass ich nicht länger an der wirklichen Existenz der Herren zweifelte, und um sie zu beruhigen fügte ich hinzu, dass die Herren mir bereits gemeldet wären, denn Conan Doyle habe gleich zu Anfang gesagt, dass die spiritistische Sitzung in Gegenwart von zwei weiteren Sitzungsteilnehmern stattfinden würde.

„Ich weiß nicht," so begann jetzt Sherlock Holmes in vollkommen korrekter deutscher Aussprache, (es ist ja bekannt, dass die Geister jeder Sprache mächtig sind), „ob Sie sich bereits über alles klar geworden sind, was Sie bisher gesehen haben?

Es dürfte Ihnen aber jedenfalls nicht zweifelhaft geblieben sein, dass im entscheidenden Augenblicke der Kampf einen unglücklichen Ausgang genommen hätte, wenn wir nicht in den

Kampf eingegriffen und alles zum glücklichen Ende geführt hätten. Wir haben den Geist im Verlauf dieses Kampfes gefangen genommen und tragen ihn im Koffer bei uns, wir wollen ihn nunmehr einem Verhör unterwerfen und werden bald klar sehen, was sich in der „Goldenen Nachtmütze“ begeben hat.“

Die beiden Herren begannen nunmehr wie selbstverständlich ihre Mäntel auszuziehen und es sich bequem zu machen. Dann packten sie vorsichtig jene gläserne Kugel aus dem Koffer, die Conan Doyle als das „Bauer“ für den Geist bezeichnet hatte.

„In dieser Kugel befindet sich der Geist“, so versicherten beide Herren, während wir uns an das Tischchen setzten, und die eigentliche spiritistische Sitzung nunmehr ihren Anfang nahm.

In dem Zimmer, das bisher von den mit roten Lichtblenden versehenen Glühbirnen erleuchtet wurde, herrschte jetzt vollkommene Dunkelheit, nur im Innern der runden Flasche war ein phosphoreszierendes Glimmen zu sehen, das die nähere Umgebung derselben erhellte und die Profile von Watson und Sherlock Holmes zu beiden Seiten in scharfen Konturen zeigte. Sie konzentrierten sich beide in angespanntester Aufmerksamkeit auf das Innere der runden Flasche.

Es war darin zunächst allerdings nichts weiter zu sehen, als ein kleines weißliches Wölkchen wie von dem Rauch einer Zigarette.

Ich hatte deshalb auch zuerst erhebliche Zweifel, ob sich der Geist auch wirklich darin befand.

Dennoch musste es ganz offenbar eine besondere Bewandtnis mit dieser Flasche haben, denn als ich die Hand danach ausstreckte, erhielt ich sofort einen heftigen elektrischen Schlag, so dass ich mich schleunigst in den schützenden magischen Kreis der Fassreifen, innerhalb deren sich unsere Stühle befanden, wieder zurückzog.

„Vorsicht,“ warnte Sherlock Holmes, „es ist mit den Geistern nicht zu spaßen."

Behutsam griff er dann selbst nach dem Stöpsel der Flasche und rieb denselben zwischen seinen Fingern.

Er musste wohl Erfahrung im Umgang mit den Geistern haben, denn das Reiben an dem Stöpsel hatte sofort zur Folge, dass die kleine Wolke im Innern der Flasche sich auszudehnen

begann und in kreisende Bewegung geriet.

Es wollte sich etwas in der gläsernen Kugel materialisieren. Wegen der stärkeren Rauchentwicklung konnte man nicht gleich erkennen, was es werden wollte, aber dann sah man es ganz deutlich: es war ein kleiner Zylinderhut, der sich in tollen Wirbeln auf dem Boden der Flasche drehte.

Es ist sonderbar, aber jeder, der bereits einmal an einer spiritistischen Sitzung teilgenommen hat, wird es mir sicherlich bestätigen, dass nämlich die Geister fast immer größeren Wert auf ihre Bekleidung als ihre sonstige Körperlichkeit legen. Es wird einem Geist niemals einfallen zum Beispiel nackt oder im Hemd zu erscheinen, und so fanden sich auch allmählich zu dem Zylinder noch ein kleiner winziger Frack nebst Havelock, Lackschuhe, Schlips und ein geblümtes Taschentuch zusammen, kurz alles, was zur Ausrüstung eines richtigen Kavaliers gehört.

Sogar ein paar kleine Fledermausflügel wurden sichtbar und eine rosa Maske, so dass schließlich *en miniature* alles vorhanden war, was jener Geist von der Litfaßsäule an Ausrüstungsgegenständen besessen hatte.

Alle diese winzigen Kleidungsstücke materialisierten sich zunächst einzeln und unzusammenhängend, um sich dann aber in richtiger Ordnung zurechtzufinden und sich schließlich als ein kleiner Gliedermann zu präsentieren, der als die Wirbel in der Flasche nachzulassen begannen, mit allen Zeichen der Erschöpfung auf dem Boden der Flasche liegenblieb.

Nach einer kleinen Weile schien sich das Gliedermännchen mit den Fledermausflügeln von den Anstrengungen der Materialisation bereits erholt zu haben.

Es richtete sich ruckweise auf, stellte sich ganz von selbst auf die Füße und begann noch etwas taumelnd und schlenkernd, dennoch aber rhythmisch von einer sonderbaren Kraft im Gleichgewicht gehalten, sich in der Flasche hin- und herzubewegen.

Es war deutlich zu erkennen, dass der kleine Gliedermann wie ein ganz vernünftiges Wesen das gläserne Gefängnis auf einen Ausgang untersuchte und sodann seine rosa Maske an die gläserne Scheibe drückte, um die äußere Finsternis zu durchdringen.

Bei der vollkommenen Geschlossenheit der Flasche war zunächst eine mündliche Verständigung mit dem Gefangenen nicht möglich, aber Sherlock Holmes wusste diesem Mangel sogleich wieder abzuhelfen.

Er entnahm seinem Koffer jenes Sphärophon, dessen sich bereits auch Conan Doyle bedient hatte und verband den Apparat mittels Kupferdrähten mit dem Stöpsel der Flasche.

Es wird den Herren Theremin und Mager sicherlich noch nicht bekannt sein, dass man mit Hilfe ihres Apparates sich auch mit den Geistern verständigen kann, aber es pflegen den Erfindern ja meistens die letzten Konsequenzen ihrer eigenen Erfindungen unbekannt zu sein.

Jedenfalls zeigte es sich sehr bald, dass der Apparat, der gleichzeitig Sender und Empfänger in sich vereinigte, tatsächlich genügend war, um den Anschluss mit dem kleinen Gliedermanne herzustellen, der bereits sehr neugierig beobachtet hatte, wie Sherlock Holmes die Kupferdrähte spannte und alle nötigen Vorbereitungen traf.

Beide Sitzungsteilnehmer wollten mir offenbar selbst die Initiative der Auseinandersetzung mit dem Gefangenen in der Flasche überlassen, weshalb ich nicht länger zögerte die Unterredung zu beginnen.

„Wer bist du, kleiner Gliedermann?“ so fragte ich laut und feierlich in etwas inquisitorischem Ton.

„Wer bist du, kleiner Gliedermann?“ äffte es in den höchsten Fisteltönen mir nach, und zugleich ergoss sich unter knarrenden und quäkenden Geräuschen eine Flut von Schimpfwörtern über uns.

„Elendes Menschenpack, gewöhnliche Mitteleuropäer, Spitzbuben und Halunken“, so tönte es in hohen kreischenden Tönen aus der Flasche, und von allen Seiten des Zimmers schien ein merkwürdiges Echo darauf Antwort zu geben. Zugleich geriet die Flasche in ein bedenkliches Wackeln, und der Tisch, an dem wir saßen, hob sich wohl mehr als einen Meter hoch in die Luft, um ziemlich heftig wieder zurückzuschlagen.

Trotzdem es ja bekannt ist, dass der Thereminsche Apparat

auch Töne vermittelt, die durchaus der Tonart der menschlichen Stimme entsprechen und die hohen Fisteltöne wahrscheinlich nur auf die schlechte Handhabung des Apparates zurückzufuhren waren, indem Sherlock Holmes die Hand vielleicht in allzu großer Nähe des Apparates bewegte, so hegte ich dennoch in jenem ersten Moment einen Verdacht gegen Sherlock Holmes und Watson.

Ich argwöhnte nämlich, dass sie die akustischen Geräusche vielleicht selbst durch das sogenannte Bauchreden hervorbrachten, eine Kunst, die bekanntlich nicht mit dem Bauch, sondern mit dem Kehlkopf ausgeübt zu werden pflegt.

Ich ließ den Verdacht jedoch in keiner Weise merken, sondern beschloss nur umso schärfer aufzupassen und zunächst jedenfalls so zu tun, als ob ich wirklich an den Geist in der Flasche glaubte.

„Du bist ja ein recht garstiger kleiner Teufel und scheinst Dich gut in Schimpfworten auszukennen, aber Dein Ärger zeigt uns nur, dass Du auf Gnade und Ungnade in unsere Hand gegeben bist. Wir wissen mehr von Deinen Schlichen als du ahnst.

Heraus mit der Sprache, was ist in der „Goldenen Nachtmütze" geschehen? Wir werden Dir schon andere Töne beibringen."

Es bedurfte sicherlich nur noch eines abermaligen Drehens des Stöpsels oder auch nur eines abermaligen harten Anlassens, um ihn zu einem vollen Geständnis zu bewegen.

Leider aber war Sherlock Holmes mit einem solchen energischen Vorgehen gar nicht einverstanden.

„Es hat keinen Zweck," so wehrte er ab, „die Geister mit Gewalt zu zwingen, vielmehr muss man es mit Güte versuchen, denn die Geister sind von äußerst sensibler, ja geradezu kindlicher Gemütsart, und es ist nicht ungefährlich sie zu reizen."

Zugleich ermahnte mich Sherlock Holmes, endlich von

meinem Misstrauen abzulassen, da die Geister auch dafür ein sehr feines Empfinden hätten, und ein allzu starkes Misstrauen der Entfaltung von Materialisationsphänomenen äußerst nachteilig wäre.

Es setzte mich in Erstaunen, dass Sherlock Holmes mein Misstrauen bemerkte, obgleich ich mir alle Mühe gegeben hatte, es zu verbergen. Ich vermochte zwar nicht einzusehen, inwiefern uns der kleine Mann gefährlich werden sollte, nichtsdestoweniger konnte es ja nicht schaden, es mit unserem Gefangenen auch einmal auf minder strenge Weise zu versuchen. „Kleiner Talisman," begann ich von neuem, „kleiner hübscher Talisman, fasse dich und habe Mut.

Du musst es nicht übelnehmen, dass wir im Umgang mit Deinesgleichen nicht gleich die richtige Tonart gefunden haben. Aber Du wirst sicherlich als ein supranormales Wesen die Einsicht haben, dass es das Beste ist, wenn Du ein volles Geständnis ablegst und uns alles erzählst, was sich an jenem denkwürdigen Abend in der „Goldenen Nachtmütze" begeben hat.

Zugleich ist es nur recht und billig und entspricht sicherlich nicht nur den Angewohnheiten des grobstofflichen Planes, sondern auch denen der höheren Ebenen, wenn Du dich uns vorstellst.

Wer bist Du eigentlich? Aus welchen Bereichen der unsichtbaren Welten bist Du herniedergestiegen und was ist hier auf Erden Deines Amtes?"

Meine sanfteren Worte hatten sofort eine beruhigende Wirkung auf den Insassen der Flasche. Er nahm eine possierliche Rednerhaltung ein und begann durch Vermittlung des Sphärophons eine wohlgesetzte Ansprache an uns zu halten. Seine Stimme war dabei noch immer ziemlich hoch und kindlich, aber es war ganz wunderbar anzuhören wie aus der Flasche zu den Worten melodramatisch eine leise Musik ertönte, so als wenn ein kleines Zwergenorchester zu den Worten des Gliedermannes die Begleitung spielte.

Ich beobachtete gleichzeitig, wie Sherlock Holmes jetzt beide Hände wie ein Kapellmeister bewegte und die rechte Hand bald mehr bald weniger in rhythmischer Abstufung dem

Metallstab, der sich auf dem Stöpsel der Flasche befand, annäherte, während er gleichzeitig die linke Hand bald hob bald senkte.

Er war offenbar schon ganz erheblich gewandter in der Handhabung des Apparates geworden.

„Wenn Sie höflich sind," so begann der kleine Mann nach einigem Räuspern seine merkwürdige Rede, „wenn Sie höflich sind, so bin ich gern bereit Ihnen die gewünschte Auskunft zu geben, obgleich die Situation eigentlich nicht danach ist, dass Sie von mir ein Entgegenkommen verlangen können.

Ich bin nämlich sehr viel mehr als ich äußerlich erscheine;

und wenn Sie mich in dieser Flasche nur als kleinen Gliedermann erblicken, so ist das nur eine grobstoffliche Projektion meiner eigentlichen Wesenheit, sozusagen nur ein äußerlicher Apparat, dessen ich mich bediene, eine Maske, die lediglich dem Raum und der Örtlichkeit entspricht, in die man mich hineinzusetzen für gut befunden hat.

In Wirklichkeit aber bin ich ein Geist von hohem Stand und Rang. Das Schloss meiner Mutter ist berühmt in allen Welten, und es ist mir nicht an der Wiege gesungen worden, dass ich noch einmal in dieser Flasche sitzen müsste.

Erfahren Sie denn, ich bin auf dem Olymp geboren und somit göttlicher Abstammung. Meine göttliche Abstammung ist durch die Sage verbrieft und verbürgt, ja eigentlich bin ich sogar noch höherer Abstammung als selbst die unsterblichen Götter, denn ich war noch früher da als jene."

*

Man hat schon vieles in derartigen spiritistischen Sitzungen erlebt. Man hat schon den Geist Karls des Großen erscheinen sehen und den Geist Napoleons in voller Paradeuniform. Man hat schon Mars- und Mondbewohner erlebt, aber noch niemals einen Gott. Wir hatten es offenbar mit einer Art von Spottgeist zu tun, wie sie sich ja vielfach in den spiritistischen Sitzungen bemerkbar machen, nur dass dieses kleine Ungetüm den Spott offenbar auf die Spitze treiben wollte.

Die Frechheit dieses kleinen Gespenstes aber zeugte nicht nur von ungewöhnlicher Lügenhaftigkeit, sondern zugleich auch von grober Geschmacklosigkeit und Unwissenheit, denn nur ein gänzlich ungebildeter Geist konnte sich in dieser Gestalt, noch dazu mit Fledermausflügeln, als einen der Götter des Olymps ausgeben.

Selbst der ruhige Watson konnte sich nicht enthalten seinem Unmut Ausdruck zu geben.

„Als ob man nicht wüsste, wie die Götter des Olymps ausschauen, als ob man das nicht in der Schule in allen Einzelheiten gepaukt und eingetrommelt bekommen hätte. Es ist ganz gewiss ein kleiner Lügenteufel, wie sie sich zahlreich in den tieferen astralen Schichten herumzutreiben pflegen."

Es war in der Tat zuviel des Schwindels, der uns da aufgetischt wurde, und trotz der Warnung Sherlock Holmes konnte ich es nicht unterlassen, meinem Unwillen gleichfalls einen recht kräftigen Ausdruck zu geben:

„Du kannst uns hier viel erzählen, Du elender Schwindelgeist, aber jeder vernünftige Mensch weiß heute, dass es keine Götter gibt, dass es niemals Götter gegeben hat, dass alles nur Aberglaube und Schwindel ist.

Kleines Ungeheuer mit Fledermausflügeln, gestehe, dass Du ein Schwindler und Betrüger bist."

Den kleinen Gliedermann schienen diese Beschimpfungen sehr zu ärgern. Er begann wie rasend in der Flasche umherzuspringen und wie ein Unsinniger zu toben.

Es entwickelten sich dabei recht heftige astrale Wirbel in der Flasche, die eine explosionsartige Tendenz zu zeigen begannen.

Das kleine Gespenst musste wirklich über ganz ungewöhnliche Kräfte verfügen, denn plötzlich begannen sich die Wände der Flasche mitsamt den eisernen Bändern um mehr als das Doppelte zu dehnen, so, als ob das Glas der Flasche nur aus einer gummiartigen Masse bestanden hätte, und gleich darauf sprangen die eisernen Bänder, mit denen die Flasche umspannt war, mit einem Ruck ab.

Während die Substanz des Glases eine immer weniger feste, fast seifenblasenartige Beschaffenheit anzunehmen begann, wuchs auch die Gestalt des Gliedermannes um mehr als das Doppelte. Seine Körperlichkeit wurde zusehends praller und voller und gewann im Gegensatz zu der Substanz des Glases immer mehr an Festigkeit, so dass man wirklich glauben konnte, dass hinter dem Gliedermann noch eine andere Wesenheit von unbekannter Kraft und Stärke verborgen war.

Es war sicherlich ein höchst kritischer Moment der Sitzung, und es wäre dem Geist wahrscheinlich auch wirklich gelungen, die Glasflasche durch ungewöhnlich hohe Spannungskräfte zu zertrümmern, wenn sich an dem Stöpsel der Flasche nicht das Siegel Salomonis befunden hätte, das eben doch noch stärker ist.

Nur mit Mühe vermochte ich meinen Schrecken zu verbergen und wenigstens äußerlich die Ruhe zu bewahren.

Ich wusste mir jedoch keinen Rat mehr, was wir mit dem sonderbaren Wesen in der Flasche anfangen sollten.

„Meine Herren!" wandte ich mich deshalb an die Sitzungsteilnehmer. „Der Fall scheint allmählich unsere Kräfte zu übersteigen. Ich bin jedoch nicht gesonnen an dieser Sitzung noch länger ohne die nötigen Kautelen teilzunehmen.

Ich stelle deshalb den Antrag eine Sachverständigenkommission hinzuzuziehen, denn entweder unterliegen wir hier einer groben Täuschung, oder aber es ist wirklich ein Geist in der Flasche, und dann wäre es das Beste, dass dieser Geist nach Rang und Ordnung wissenschaftlich klassifiziert und unter Spiritus gesetzt wird.

Es muss endlich Klarheit über diese Dinge werden, denn die Welt wird doch nicht eher an Geister glauben, bevor man nicht einen solchen in Spiritus konserviert auf dem Wandbrett hocken sieht. Ich werde sofort an die Herren Sachverständigen telegraphieren."

Meine Worte hatten auf den Geist eine ungeahnte Wirkung.

Kaum vernahm er nämlich die Worte „Sachverständigenkommission" und „Kautelen", als er sofort am ganzen Leib wie Espenlaub zu zittern begann und sich ganz in sich zurückzog, bis er wieder zum kleinen unscheinbaren Gliedermann geworden war. Auch die gläserne Flasche wurde wieder kleiner und erhielt ihre anfängliche Beschaffenheit zurück.

Im nächsten Augenblick vernahmen wir aus der Flasche die jammervollsten und wehleidigsten Klagetöne:

„Alles will ich über mich ergehen lassen, alles will ich tun, was man von mir verlangt, nur überliefern Sie mich nicht einer Sachverständigenkommission, denn ich bin von einer äußerst sensiblen Gemütsart und vermag soviel Misstrauen nicht zu ertragen.

Sie brauchen mich ja gar nicht für einen wirklichen Geist von Rang und Stand zu halten. Meinetwegen bin ich ein ganz gewöhnliches Gespenst, ein Dämon oder ein Teufel, oder auch nur eine symbolische Gestalt, — das „Es im Ich" —, oder der Mann im Mond, oder was Sie wollen, nur tun Sie mir den Schimpf nicht an, mich einer Sachverständigenkommission zu überliefern."

Der Gefangene flehte in so verzweifelten Tönen, dass es einen Stein hätte erweichen können, aber es war mir ohne weiteres klar, dass dieses Bürschchen die Sachverständigen nur deshalb fürchtete, weil es dem scharfen Auge der Wissenschaft nicht standhalten konnte.

Im Interesse der Wissenschaft mussten wir hart bleiben, und es war die höchste Zeit, die Sachverständigen telegraphisch zu benachrichtigen.

Leider fand ich bei meinen Sitzungsteilnehmern kein Verständnis für meinen Vorschlag.

„Ich sehe nicht ein," erklärte Watson mit harmlosem Gesicht, — das mir aber in diesem Augenblick sehr verdächtig vorkam —, „ich sehe nicht ein, wozu wir eine Sachverständi genkommission benötigen sollten.

Was ich mit meinen eigenen Augen sehe und mit meinen eigenen Ohren höre, dafür brauche ich keinen Sachverständigen."

„Es hat keinen Zweck," stimmte Sherlock Holmes ihm zu, „ein Phänomen, das ein besonderes Wahrnehmungsorgan erfordert, solchen Leuten vorzustellen, die eben ein solches Organ auch nicht einmal im embryonalen Zustande besitzen. Bekanntlich gibt es Menschen, die in der dreidimensionalen Welt noch immer zweidimensionale Wesen geblieben sind, und sie werden es wahrscheinlich auch dann noch sein, wenn die Welt bereits vier- und fünfdimensional geworden ist."

Ich war mir freilich sofort darüber klar, dass beide Herren meinem Vorschlag nur deswegen nicht zustimmten, weil sie bei ihrer eigenen, recht verdächtigen Körperbeschaffenheit die Sachverständigen gleichfalls zu fürchten hatten. Aber ich war überstimmt und hatte keine Aussicht meinen Willen durchzusetzen.

Sherlock Holmes vertrat seinerseits die Ansicht, dass es das einzig Richtige wäre, mit dem Geiste weiter im Guten zu verhandeln. Er berief sich ausdrücklich auf seinen Auftrag, den er unter keinen Umständen überschreiten dürfte.

Der Gefangene in der Flasche war inzwischen immer noch kleiner und unscheinbarer geworden und drohte bereits wie zu Anfang in einer zigarettenrauchähnlichen Wolke zu verschwinden. Es bedurfte mehrerer Anrufe und eines längeren Suchens mit dem Sender, um endlich wieder den Anschluss mit dem Innern der Flasche zu finden. Wir vernahmen die Stimme des Gliedermännchens nur noch ganz aus der Ferne, und nur ein so scharfes Ohr wie Sherlock Holmes es besaß vermochte seine Worte noch zu verstehen.

Sherlock Holmes machte dem schon fast wieder unsichtbaren Geiste den Vorschlag seiner völligen Freilassung unter der Bedingung, dass er ein offenes Bekenntnis ablegte und uns alles mitteilte, was sich mit der Miss Florida in der „Goldenen Nachtmütze" begeben hatte.

Wir verhandelten länger hin und her. Das Wesen in der Flasche erklärte sich zwar bereit uns jegliche Aufklärung zu geben, verlangte aber, dass die Freilassung unter allen Umständen sofort und vorher erfolgen müsse, zumal es ihm gar nicht möglich wäre, aus der Flasche heraus sich in dem nötigen Maße verständlich zu machen, ganz abgesehen von der Kränkung, die ihm dadurch widerfahre.

Ich hatte zwar starke Bedenken und fürchtete, dass der Geist dann wahrscheinlich auf Nimmerwiedersehen verschwinden würde, oder vielleicht sogar an uns Rache nehmen könnte. Sherlock Holmes versicherte jedoch, dass innerhalb der magischen Fassreifen für uns keine Gefahr bestände, und der Geist außerdem zuvor einen feierlichen Schwur auf das Siegel Salomonis leisten würde, auf das kein Geist, welcher Art er auch immer sei, sich getrauen würde einen falschen Eid zu leisten.

Nachdem wir uns dahin geeinigt hatten und der Eid geleistet worden war, entfernte Sherlock Holmes vorsichtig den Stöpsel der Flasche.

Der Geist war inzwischen schon vollkommen unsichtbar geworden. Die Flasche schien nichts mehr zu enthalten als ein kleines Rauchwölkchen.

Kaum aber war der Stöpsel der Flasche entfernt, als sich von neuem astrale Wirbel darin entwickelten von solcher Kraft und Heftigkeit, dass in wenigen Augenblicken die Flasche sich wieder um das Mehrfache ihrer ursprünglichen Gestalt zu dehnen und zu weiten begann, als ob das Glas aus irgendeiner sonderbarem durchsichtigen Gummimasse bestanden hätte.

Das Glasgefäß hatte bereits die Größe eines Wagenrades im Durchmesser erreicht, als es plötzlich mit einem lauten Knall in seine Atome zersprang, die wie winzige Diamantensplitter in der Luft zerstäubten, um sich gleich darauf völlig zu entmaterialisieren.

In demselben Augenblicke hüpfte etwas wohl einen Meter hoch aus der Flasche heraus und huschte wie ein Irrwisch im Zimmer umher.

Die Schnelligkeit dieses irrwischartigen Wesens war so fabelhaft, dass man seine Gestalt nicht deutlich erkennen konnte.

Das normale Auge vermag eben aus nächster Nähe solchen hohen Geschwindigkeiten gar nicht zu folgen.

Zugleich begann der phosphoreszierende Schimmer, der bisher nur im Innern der kugelförmigen Flasche zu sehen gewesen war, sich in dem ganzen Zimmer auszubreiten und dasselbe mit einem blassbläulichen Licht zu erfüllen.

Eine elektrische Spannung entstand in dem Raum, und auch ohne den Apparat der Herren Theremin und Mager machte sich ein Summen und Surren bemerkbar, so ähnlich wie man es manchmal im Ohr klingen und summen hört, nur viel lauter und deutlicher. Aus irgendeiner imaginären Ferne wurden Töne angeschlagen, die sich zu Melodien verbanden und bald zu größerer Stärke anschwollen, bald wieder in der Ferne verklangen.

Das aber, was auf der Diele huschte, schien zu wachsen und immer größer zu werden, bis es das ganze Zimmer erfüllte. Die Lichtphänomene mehrten sich noch von Augenblick zu Augenblick, und es entstand schließlich ein solches Glitzern und Glimmern in dem Zimmer, dass ich gar nichts mehr sehen konnte.

Es ist eben doch keine Kleinigkeit mit einem wirklichen Geiste in einem Zimmer vereinigt zu sein, und es war sicherlich nur eine Rücksichtnahme seitens des Geistes, dass er hinter dem schwarzen Vorhang verschwand, wo er wahrscheinlich auf dem für ihn bereitgestellten Stuhl Platz nahm.

Die Anwesenheit des Geistes verriet sich aber dadurch, dass der schwarze Vorhang, der die eine Ecke des Zimmers verhüllte, hin und wieder wie von einem starken Windzuge bewegt wurde, und uns dann jedes Mal ein scharfer Lichtstrahl blendete, so, als wenn ein kleiner elektrischer Scheinwerfer uns mit seinem Strahl getroffen hätte.

Aus dem Kabinett heraus war von neuem eine Stimme zu hören, die uns den Befehl erteilte, auf den Tisch in der Mitte des Zimmers Schreibpapier, Tinte und Feder zu legen, denn der

Geist wollte das, was er uns mitzuteilen hatte, schriftlich zu Papier bringen.

Wir zögerten keinen Augenblick, diesem Befehl nachzukommen, und sahen gleich darauf, wie der Federhalter, von einem Lichtstrahl berührt, der sich aus dem Kabinett suchend und rastend auf den Schreibtisch niedersenkte, — — ganz allein in die Luft erhob und in die Tinte tauchte, um dann mit großer Geschwindigkeit über das Papier zu eilen, auf dem sich,

von Geisterhand geschrieben, Buchstaben zu Sätzen und Reihen zusammenfügten. Der Federhalter bewegte sich mit ungewöhnlicher Geschwindigkeit und zeichnete Buchstaben in großer steiler Schrift, wobei die einzelnen vollgeschriebenen Blätter sich ganz von selber wendeten.

Es kann dieses Phänomen der direkten Niederschrift von Geisterhand nach den vorausgegangenen Erlebnissen wohl kaum noch überraschen, denn das Schreiben mit unsichtbarer oder mit sichtbarer Geisterhand ist ja nicht sonderbarer, als wenn ein Geist die Hand eines Mediums benutzt und etwas niederschreibt, von dem das Medium selber keine Ahnung hat; im Gegenteil ist sicherlich die indirekte Geisterschrift durch ein

Medium noch viel sonderbarer als die direkte und unmittelbare.

Während der Niederschrift erlebten wir noch ein anderes, ganz außergewöhnlich schönes Phänomen, oder vielmehr eine ganze Anzahl solcher Phänomene, wie sie sich bis zu dieser Zeit wohl noch niemals in einer spiritistischen Sitzung begeben haben, und wie sie vielleicht geeignet sind, auch diejenigen zu überzeugen, die alles, was bisher geschehen, nur für Fakir- und Illusionskunststücke anzusehen belieben.

Schon vorher hatten sich mehrfach kleine leuchtende Flocken und schimmernde Lichtgebilde in der Luft des Zimmers gezeigt. Allmählich jedoch begannen sich diese Gebilde immer mehr zu verdichten, immer bestimmtere Formen anzunehmen und immer buntere Muster und Figuren zu zeigen. Während der schwarze Vorhang sich einmal stärker ballte, verwandelten sich plötzlich unter dem Vorhang her die kleinen Flocken und Lichtgebilde zu wirklichen Lebewesen, die sich aus eigener Kraft frei schwebend in der Luft erhielten.

Es waren nicht mehr Nebelflocken oder leuchtende Fetzen, sondern lebendige Schmetterlinge, kleine Bläulinge und Weißlinge, Zitronenfalter und Pfauenaugen, Schwalbenschwänze und Admirale, rote und blaue Ordensbänder, die immer deutlichere Gestalt annahmen, immer größer und schöner wurden, bis sie die Größe und Leuchtkraft von tropischen Schmetterlingen erreicht hatten, die mehr noch wie Handspannweite maßen.

Was sind in einem solchen Augenblicke die Minuten. Sie schienen zu Stunden und Ewigkeiten zu werden, während die Schmetterlinge sich auf alle Gegenstände im Zimmer und sogar auf unsere Schultern setzten oder sich auf das Papier niederließen, auf dem der Geist seine Memoiren verfasste.

Sie beschrieben leuchtende Bahnen in der Luft und erfüllten die Dämmerung mit ihren magischen Farben, die von einer Intensität des Blaues, des Rotes, des Grüns und des Gelbs erschienen, wie es solche Farben gar nicht in der Wirklichkeit gibt, sondern nur in der Phantasie, wenn man an das Blau des Himmels denkt, an die Flamme des Feuers, an das Grün der Wiesen oder an das Gelb der leuchtenden Zitrone.

In allen Prismafarben spielte ein seltsamer lebendiger Regenbogen im Zimmer, das sich mit hellerem Schein erfüllte, als es vorher im Lichte der elektrischen Lampen gewesen war.

— — — Allmählich aber verblassten die Farben wieder, allmählich wurde auch die Anzahl der Schmetterlinge geringer.

Statt der großen Tagschmetterlinge mit den glühenden Farben entstanden Nachtschmetterlinge, Schwärmer und Spinner von brauner und grauer Farbe, nur noch hin und wieder mit helleren Streifen umrändert, bis schließlich in der schon wieder zunehmenden Dämmerung des Zimmers dunkle Nachtfalter und große Totenköpfe umherschwirrten, deren Flügel immer fledermausartiger wurden, während das melodiöse Klingen und Tönen sich in ein dumpfes Summen und Surren verwandelte.

*

Von der Sitzung ist nur noch wenig zu berichten.

Als die Schmetterlinge allmählich gänzlich verschwunden waren, und auch das Leuchten und Flimmern wieder der zunehmenden Dunkelheit gewichen war, wehte aus dem schwarzen Kabinett ein kalter Luftzug herüber, und in demselben Augenblick sank auch der Federhalter wieder auf den Tisch zurück.

Der Geist hatte die Niederschrift seiner Memoiren beendet.

Es war der Augenblick gekommen, ihm seine Freiheit wiederzugeben, denn geschlossene Verträge müssen eingehalten werden, zumal wenn sie auf das Siegel Salomonis beschworen sind.

Sherlock Holmes und Watson Machten sich daran die magischen Zeichen von den Fenstern und Türen zu entfernen, die dem Geist noch immer den Ausgang in das Freie verwehrten.

Wir vernahmen wieder wie zu Anfang das Huschen auf der Diele und gleich darauf erblickten wir den Geist in derselben Gestalt, wie man ihn zuerst auf der Litfaßsäule gesehen hatte, bereits außerhalb des Zimmers vor unserem Fenster.

Er schwebte in der Größe einer fast normalen Menschengestalt in der freien Luft. Die Pelerine seines Havelocks blähte sich wie ein kleiner Luftballon und die Fledermausflügel schwirrten wie kleine Propeller. Ein paar verirrte Nachtfalter flatterten noch vom Saume seines Mantels hernieder und fielen ermüdet auf das Straßenpflaster, wo sie sicherlich die Verwunderung der Passanten erregt haben werden.

Gleich darauf war der Geist nur noch wie ein kleiner Luftballon zu sehen, bis er über dem nahen Kirchturm, nicht größer als eine Fledermaus, den Augen entschwand.

Schon während des letzten Teiles der Sitzung hatte ich beobachten können, dass die Gestalten von Sherlock Holmes und Watson immer durchsichtiger und fadenscheiniger geworden waren, bis sie nur noch wie Rauch und Nebel erschienen, die Gestalt und Form von Menschen angenommen hatten.

Als ich mich vom Fenster zurückwandte, stand plötzlich hinter mir wieder Conan Doyle, der die Lichtblenden bereits von den elektrischen Glühlampen abgenommen hatte.

Von Sherlock Holmes und Watson war keine Spur mehr zu entdecken. Sie waren in jene unsichtbaren Gefilde zurückgekehrt, aus denen sie die Kunst des Meisters heraufbeschworen hatte.

Conan Doyle überreichte mir die von Geisterhand geschriebenen Memoiren zur freien Verfügung mit der einzigen Bedingung, dass das Original später einen Platz in seinem spiritistischen Museum in London finden sollte.

*

Ich lasse nunmehr die Memoiren des Geistes folgen und enthalte mich dazu jedes weiteren Kommentars. Ich bemerke nur, dass man nicht vergessen darf, dass Zeit und Raum sich den Geistern von der astralen Warte aus unter einem anderen Aspekte zeigen, als den gewöhnlichen Sterblichen, die alles nur vom Standpunkt der Eintagsfliege aus betrachten.

Der astralen Anschauung erscheinen die Ereignisse, die sich über Jahrhunderte und Jahrtausende erstrecken, nur wie ein einziges zusammenhängendes Erlebnis, wobei sich die Vielheit und die Einheit ständig verschieben, denn in Wirklichkeit ist die Einheit stets in der Vielheit verborgen und umgekehrt.

Elftes Kapitel

Die Memoiren des Geistes oder das Geheimnis der Miss Florida

I.

„Es sind schwere Zeiten für die Götter, recht schwere Zeiten.

Da kommen Leute und sagen so, wie Sie es eben beliebten: es gibt keine Götter, hat niemals Götter gegeben.

Da kommen andere und sagen: ja, die allmächtigen Götter, die haben es gut, leben in himmlischen Höhen bei Nektar und Ambrosia und alle Tage ist es Sonntag.

Da kommen noch andere und machen die Götter zu lächerlichen Popanzen, zu heidnischem Teufelsspuk, oder schmähen sie auf noch ärgere Weise.

Ach, meine Herren, wie sehr verkennt man doch den guten Willen der Götter, wie sehr unterschätzt man doch ihre eigene Not und Sorge.

Einstmals ja, da waren die Götter wohl allmächtig, da herrschten sie weise und gütig, da errichtete man ihnen Altäre und spendete ihnen die Früchte des Feldes oder die Erstlinge der Herden, da glaubte man an die Götter und fürchtete sie, und da waren sie den Menschen nahe, die ihre Stimmen vernahmen und ihre Nähe erkannten.

Wenn irgendwo ein gutes Werk geschah, ein weiser Richter sprach, wenn der Gerechte belohnt und der Schuldige bestraft wurde, dann wussten die Menschen, dass ein Gott zu ihnen herniedergestiegen war.

Allein, wenn schon die Götter allmächtig waren, so waren sie dennoch nicht die letzte Macht, die als die Einheit in sich selber ruht, sie liebten und hassten und lebten sich auch selber. Sie bedurften schon des Widerstandes.

Sie hatten ihre Lieblinge unter den Menschen, die sie vorzogen und ließen wohl auch einmal einen Schuldigen durchschlüpfen, oder belohnten einen Unverdienten.

Sie waren rachsüchtig und kleinlich, schien es doch manchmal gar, als ob sie ihr Spiel mit den Menschen treiben wollten, wenn es sie ergötzte einen Tölpel auf den Thron zu setzen, oder wenn sie Lasten auf einen Unglücklichen häuften, gerade als ob sie sehen wollten, wie viel er wohl zu tragen imstande wäre.

Es bleibt die Macht, die in den Stoff hinabgestiegen ist, nicht immer gütig und allweise, nicht allgerecht, wenn sich der Widerstand nicht regt, wenn sich zum Pol der Gegenpol nicht findet.

Kaum aber merkten das die Menschen, kaum empfanden sie das Unrecht und das Spiel der Götter, da wurde der Rauch auf den Altären schwächer, da verschwanden die silbernen und goldenen Gerätschaften aus den Tempeln, da schwand auch Recht und Sitte, da schwand auch Furcht und Glaube.

Es ist kein Prophet, wenn man nicht an ihn glaubt, es sind auch keine Götter da, wenn der Glaube an sie geschwunden ist.

Die Götter blieben deshalb keine Götter, sie nahmen immer mehr die Eigenschaften und Gewohnheiten der Menschen an, sie wurden immer menschlicher, wenn sie natürlich auch unsterblich blieben.

„Wie unten, so auch oben“, so lautet der alten Weisheit Spruch.

Das bedeutet aber auch eine Wechselwirkung zwischen

oben und unten, das bedeutet, dass auch die Götter ihr Schicksal durch die Menschen erleiden, dass sie sich mit den Menschen zugleich verändern, — und wie haben sie sich verändert, — der gute Vater Jupiter, es glaubt kein Mensch mehr, dass er göttlich sei, wenn er ihm begegnet.

Wie soll ich Ihnen den Vater Jupiter schildern, — er trägt im Sommer einen Gehrock und eine weiße Weste, im Winter einen Zobelpelz und Gamaschen. Er ist ein wenig dickleibig geworden und hat ein Doppelkinn bekommen. Seine Augen leuchten noch immer im alten Götterblick, aber sie sind von Fettpolstern umgeben, und häufig braucht er schon Vergrößerungsgläser. Er liebt gute Mahlzeiten und trinkt reichlich Champagner. Sein Gesicht hat noch immer das Joviale, Menschenfreundliche, aber seine Weisheit hat arg nachgelassen und seine Milde und Güte sind ihm selber unbequem geworden. Er hat das Mäkeln und Nörgeln angefangen. Seine Gerechtigkeit aber hinkt für gewöhnlich nach der Seite hin, wo er die stärkste Partei vermutet.

Frau Venus, — allen schuldigen Respekt vor ihr, aber sie pflegt ein bisschen reichlich aufzulegen und trägt sich gar zu jugendlich, sie ist wetterwendischer wie je und allzu schlank geworden.

Der unglückliche Ares, — er sieht ganz verstört aus und weiß nicht, ob er abrüsten oder wieder von vorn anfangen soll.

Der arme Hermes, er hat sich in Spekulationen eingelassen und müht sich vergeblich, sein Konto „glattzustellen".

Nun, meine Herren, ich will Sie nicht mit Einzelheiten langweilen, zumal meine Beziehungen zu diesen Herrschaften seit einer gewissen Affäre nur noch sehr lockere sind, wie es denn sogar Leute gibt, die mich überhaupt nicht mehr zu den Göttern zählen, aber, um endlich auf die bewusste Angelegenheit zu kommen — —

II.

Sie erinnern sich vielleicht, meine Herren, des Märchens von Amor und Psyche, das aus dem grauen Altertum mit Schmetterlingsflügeln herüberwinkt. Sie erinnern sich vielleicht auch noch, dass dieses Märchen von mir behauptet, dass ich vor mehreren Jahrtausenden mit einer griechischen Königstochter namens Psyche zum Leidwesen meiner Mutter die Ehe eingegangen sei.

Es ist in der Tat die Wahrheit, dass ich mich mit einer Dame dieses Namens vor langen, langen Zeiten einst ehelich verbunden habe.

Sie war allerdings, wie ich nur nebensächlich erwähnen will, keineswegs eine griechische Prinzessin, sondern die uneheliche Tochter eines wohlgeborenen, oder, wie man damals zu sagen pflegte, „göttlichen" Sauhirten, der ihr Vater aus Eitelkeit den Namen Psyche gab.

Sie war von schöner Gestalt, naiv und bildungsfähig. Mag sein, dass sie auch ein Seelchen besessen hat. Es schien mir jedenfalls damals so, und ich hoffte fest, dass mit der Zeit aus dem Seelchen noch eine Seele werden könnte.

Um es kurz zu machen: ich hob sie auf Zephyrs Flügeln empor und führte sie in das Schloss meiner Mutter, das alle Geheimnisse der Natur in sich verborgen trägt.

Es lag inmitten eines Haines von immergrünen Bäumen, wo murmelnde Quellen sprangen und Bäche silberklaren Wassers flossen inmitten blühender Wiesen.

Weiße Lämmer ruhten auf den Wiesen, und nicht minder waren sie in den Wolken, und die Wolken waren in den Weihern, auf denen die weißen Schwäne segelten, und alles wieder war in ihrem Auge, dem schönsten Edelstein in dieses Haines Paradies.

Belebt war alles von Genien und Geistern. Aus jedem Stein sprach eine Stimme, aus jedem Blumenkelch ertönte leiser Glockenton, — im Plätschern der Quelle, im Flüstern des Windes, im Säuseln der Blätter —, aus allem sprach zu ihr diese Stimme — *meine* Stimme, der ich ihr ständig nahe war, dessen Blick auf ihr ruhte, dessen Liebe sie durchströmte mit allerhaltender und weltumspannender Kraft.

Sie aber war neugierig und lüstern nach allen Dingen, wollte alles greifen und betasten, wollte alles ergründen und besitzen, — mehr noch besitzen, als sie es schon tat.

Sie zerblätterte die Rose und ließ den Schmetterling sich zerflattern. Sie griff nach dem Spiegel der Quelle und haschte nach dem Wind.

Sie wollte die Geister sehen, deren Stimme sie hörte, wollte ergründen und zerlegen, was nicht ergründbar und zerlegbar ist, wollte das besitzen, was nicht besessen werden kann.

Sie ließ sich nicht raten und bedeuten, aber sie fand nicht das, was sie suchte, sie fand nur das Nichts, das Grausen, und ihr kindlich-törichter Sinn hielt mich für ein Ungeheuer, wie ihre neidischen Schwestern es ihr zugeflüstert hatten.

In einer Nacht, als ich schlief und mich die Götterkräfte

verlassen hatten, da schlich sie mit Dolch und Lampe zu meinem Lager und deckte in lüstern frauenhafter Neugier meines Leibes Blöße auf, — um den Gott zu finden, den sie für ein Ungeheuer gehalten hatte.

Sie verletzte mich mit dem Tropfen heißen Öles, und ich verließ sie,—wie Euch die Schönheit immer verlassen wird, wenn ihr sie greifen und fassen wollt, wie aller Zauber der Erde Euch immer flieht, wenn ihr ihn ergründen und erforschen wollt.

Sie wissen es, meine Herren, wie es weiter kam.

Psyche zeigte Reue, heiß und tief, und ich verzieh ihr, ja, ich zog sie von neuem zu mir empor und erwirkte sogar, dass sie in den Kreis der Göttlichen wieder aufgenommen wurde.

Eine Zeitlang ging auch alles gut. Ich hoffte schon, dass sie eine der Unsrigen werden würde, aber ihre irdische Natur verleugnete sich nicht auf die Dauer. Sie war trotz allem noch nicht klüger geworden.

Sie fand, dass die Göttlichen zu einfach und natürlich seien, sie war launisch und wetterwendisch und plagte sich und andere mit ihren Wünschen.

Nichts war ihr heilig von allen Dingen, die im Olymp zu Hause sind.

Die zarten Tauben Aphroditens, der Adler des Zeus, — sie trieb ihren Scherz und Kurzweil nur mit ihnen und rupfte heimlich dem Pfau der Juno Federn aus.

Sie klimperte auf der Lyra des Apoll und versuchte sich auf der Flöte des Pan, sie zerrte an dem Webstuhl Athenens und spielte mit dem Bogen der Artemis. Sie vergriff sich mit kindischer Hand am Speer des Ares und schmückte sich mit der Muschel Tritons. Sie steckte sich die Sichel Silenens ins Haar und ließ sich von den Delphinen Poseidons im Nachen fahren, ja, sie wollte sogar als ein neuer Phaeton die Rosse Apolls vor ihren Wagen spannen und mit dem alten Charon in der Gondel fahren. Sie plünderte den Geldbeutel des Hermes, und selbst der Donnerkeil des Zeus war ihr nicht heilig.

Die Himmlischen — sie hatten anfangs ihren Spaß an dem kindischen Treiben und taten ihr jeden Willen.

Bald aber gab es Zank und Streit. Die Dinge waren längst verteilt, Verwirrung und Unordnung begannen im Olymp das Haupt zu erheben, es ging nicht länger mehr, — Psyche musste wieder zur Erde hinab.

Da sie aber nun schon einmal göttlich geworden war, so konnte sie auch nicht als Sterbliche wieder zur Erde hinuntersteigen. Sie zerteilte sich in viele kleine Seelen, die einzeln den Weg zur Erde fanden, die aber alle eine blasse Erinnerung an die einstige himmlische Heimat mit sich nahmen, die alle noch den göttlichen Funken in sich trugen.

Sie ließ mich allein. Ich musste sie von mir ziehen lassen, aber mir blieb die Sehnsucht nach ihrer Gestalt und ihrem Blick, die Sehnsucht nach ihrem Lächeln, wie es mich einst in alter Zeit entzückte und beseligte.

Was ihr in den himmlischen Gefilden versagt bleiben musste, ich gab es ihr im Übermaß auf Erden.

Nackt und ärmlich stand sie da in der barbarischen Welt, von allen verlassen und allen Glanzes beraubt. Ich aber schützte sie vor den Unbilden des Wetters und der Elemente. Ich gab ihr Herd und Hütte, gab ihr das Fell der Tiere, das sie sich gewünscht hatte, die Federn der Vögel, den Glanz der Edelsteine, alle Schätze des Meeres und der Erde, — und ich gab ihr auch den Beschützer, dessen ihre Schwachheit bedurfte.

Auf Erden suchte ich sie wiederzufinden, als ihr die himmlische Wohnung verschlossen wurde. Tausendfach suchte ich sie wiederzufinden, in der irdischen Vielheit selber verborgen, in tausendfach wechselnder Gestalt.

Als Held und Krieger trat ich ihr entgegen, als fahrender Ritter und Minnesänger, als Abenteurer und Wandersmann.

Sie aber fragte nach Herkunft und Stand, nach Vermögen und Beruf. Sie wollte versorgt sein, wollte sicher gehen.

Und wieder erfüllte ich ihre Wünsche — aber ihre Wünsche waren niemals für lange zufriedenzustellen, ihre leicht erschöpfte Phantasie war nur unerschöpflich im Aussinnen immer neuer Wünsche. Ihre Liebe aber drohte zu erkalten. Von Jahrhundert zu Jahrhundert wurde sie schwächer und teilnahmsloser. Immer höher türmten sich die Schranken, die den Weg zu ihrem Herzen sperrten. Immer schwächer und blasser wurde die Erinnerung an die einstige himmlische Heimat.

Ich hatte ihr schon alles gegeben, was die Natur und die ursprüngliche Welt ihr zu geben vermochten, da erfand ich eine neue künstliche Welt, die noch immer Glanz und Freuden spendet, die noch immer in Lichterfülle erstrahlt, wenn die Natur sich schon in dunkle Schleier hüllt und Wald und Wiesen schon von starrem Winterschlaf umfangen sind. — —

III.

Sie gestatten, meine Herren, dass ich mich kurz und sachlich fasse.

Erfahren Sie denn — ich bin es und niemand anders, der die sterbliche Hülle Psychens in unerhörtem, wechselvollem Spiel mit allen jenen Dingen umgab, die ihre Person soviel reizvoller erscheinen ließen, als die Natur sie wohl erschaffen hat.

Ich war es, der die Falten und Würfe der Kleider und Gewänder ersann, die ich mit Agraffen und Spangen verknüpfte, mit Samten und Pelzen verbrämte, mit Seiden und Spitzen besetzte, mit Gold- und Silberfiligranen durchwirkte, in die ich die Gespinste der Elfen und die Seelen der Blumen und Schmetterlinge einzufangen wusste, in viel, viel mannigfaltigerem Spiel, als die Natur es jemals wohl ersann.

Die Natur hatte ihr nur eine Gestalt gegeben, ich aber gab ihr tausende, um den Reiz der ursprünglichen Formung zu verhüllen und zu verbergen, wenn der gewohnte Anblick nur allzu schnell den Reiz ermatten ließ.

Ich schuf die lockeren Gewänder, die die Formen ihres Leibes gänzlich verbargen, um sie gleich darauf von neuem vorzuzeigen. Ich verschob die Taille nach oben und unten, um die wirklichen Konturen ihres Leibes zu verwischen und gleich darauf nur umso schärfer wieder herauszuheben.

Eben noch zog sich das Gewand zur langen Schleppe, gleich darauf wurde es wieder bis über das Knie emporgerafft. Eben noch formte sich der Rock in einer Glocke, bis er sich bis zur Krinoline bauschte, gleich darauf trat die Form der Hüften und des Busens wieder in natürlicher Gestalt hervor. Eben noch schloss sich das Gewand am Halse und verbarg mit Spitzen und mit Krausen auch den letzten Schimmer der weißen Haut, gleich darauf aber schimmerte wieder verführerisch des Halses und des Busens ahnungsvolle Blöße.

Ebenso gab ich auch dem Antlitz ständig einen anderen Rahmen, so dass es stets als ein neues Wunder erschien unter jenen kunstvollen Kreationen, die sich bald als kleine Glocken und Helme, als schöngeformte Töpfe oder flache Teller, und nicht zuletzt als mächtige Turbane wie das Kapitell einer Säule über dem Haupt erhoben mit Blättern und Laubwerk verziert, mit Blumen und Früchten behängt, mit Bändern und Rosetten, mit glänzenden Steinen oder Federn und Agraffen geschmückt.

Bald hing das Kunstwerk schief zur Seite mit kecker Feder in die Höhe stoßend, bald schaute nur ein Auge drunter vor, bald waren beide Augen zugedeckt. Bald war die Ansicht im Profil gegeben, bald war die Seitenansicht ganz verwehrt, bald saß das Kunstwerk locker auf dem Scheitel, bald zogen Bänder sich ums Kinn.

Nicht minder ließ ich ihren Händen und Füßen Sorgfalt angedeihen und umkleidete sie mit Leder und Saffian, mit samtenen und seidenen Hüllen. Ich gab ihren Füßen die vollendete und abgeschlossene Form und hob sie auf hohe Sockel, schmückte sie mit goldenen und silbernen Schnallen und Filigran und Maschenwerk, um den Fuß immer zierlicher und kleiner erscheinen zu lassen.

Und nicht zuletzt erfand ich auch jene Dinge, die das Geheimnis ihres Leibes noch näher umhüllen als das äußere Gewand, —- die seidenen und durchbrochenen Strümpfe, die Spitzen und verborgenen Hüllen, dem Wellenschaum der Aphrodite wohl vergleichbar, der einstmals ihren Leib umspielte, als sie in nackter Schönheit aus dem Meer stieg.

Aber nicht genug damit, ich wurde auch Haarkünstler und schuf ihre Haare zu kunstvollen Locken und Knoten.

Ich gab ihr die schwarzen Flechten der Scheherezade und Gretchens schöngeflochtene Zöpfe, die Puderlocken der Marquise, ich schuf den Tituskopf und selbstverständlich auch die Bubifrisur in den unzähligsten Varianten. Ich schenkte ihr die grünen Haare der Nixe und die silbernen Rautendeleins, ja selbst die goldenen der Lorelei.

Ich wurde Juwelier und erfand die Armbänder, die Ohrgehänge und Broschen, die Diademe und Halsgeschmeide.

Ich bannte den Geist des Heliotrops und der Rose in kristallene Gläser und überschüttete sie mit einer Wolke von Wohlgerüchen, — was alles erfand ich nicht, um ihre Wünsche zu erfüllen, um das Lächeln in ihrem Angesichte zu sehen, das mich vor Zeiten einst mit Seligkeit erfüllte. —

Es mag sein, dass mich der Zauber meiner eigenen Künste geblendet hat, dass sie mir schöner erschien, als sie es wirklich war. Sie entzückte mich jedenfalls in ihrer neuen Gestalt, und ich fand, dass sie noch begehrenswerter geworden war, seitdem sie das mondäne Leben angenommen hatte.

Ich fühlte, dass die alte Liebe noch nicht ganz erloschen war, ja, ich empfand von neuem, dass jener Pfeil, von dem die Romanschriftsteller fabeln, mir selbst im Herzen saß.

Ich näherte mich ihr abermals in jener Welt des künstlichen Glanzes, der ihr den neuen Charme verlieh.

Ich stand hinter ihr, wenn sie mit zitternden Händen am Spieltisch das Geld durch die juwelengeschmückten Finger rinnen ließ, ich befand mich nicht weit von ihr, wenn sie an der Côte d'Azur oder in Biarritz dem Wellenrauschen lauschte, ich war gleichfalls ein Besucher der Museen und Galerien, wenn sie ihre Schritte zu jener schon von Ovid gepriesenen Stätte der heimlichen Zusammenkünfte lenkte, — ich auch war es, der im Licht der Bogenlampen zu ihrem Fenster spähte, wenn sich ihr Schatten nur von ferne zeigte, ja, ich will es gestehen, ich war selber auch der Chauffeur, der tausendmal ihr Auto lenkte, der Portier, der ihr den Koffer aus den Händen nahm, der Kellner selbst, der ihr die Speisen brachte.

Sie aber kannte mich nicht mehr und wusste sich meiner

nicht mehr zu erinnern.

Sie war von einem Netz gesellschaftlicher Vorurteile umgeben, das ich nicht mehr zu durchdringen vermochte. Die Flügelpaare, die sie einst besessen hatte, waren längst zerflattert und unbrauchbar geworden. Sie konnte sich nicht mehr in die Luft erheben, sondern war auf ewig an die Erde gefesselt. Sie gehörte nur noch der Welt und den irdischen Zwecken an. Sie wusste nicht, woher sie kam und wohin sie ging. Sie wusste nicht mehr, wer sie selber war.

Das Unglück nahte sich mit Riesenschritten.

Schon hatten sich die Romanschriftsteller ihrer bemächtigt, die Psychologen und Seelenanatomen. Man dichtete ihr Dinge an, von denen sie niemals etwas gewusst und geahnt hatte. Man zergliederte ihre Gefühle, man komplizierte die natürlichsten Dinge. Man erfand die Sünde und die Perversion.

Es ergötzte sie das alles ungemein. Sie fand sich selber interessant, aber es genügte ihr schon wieder nicht, sie fand sich dennoch unverstanden.

Sie war Sängerin und Schauspielerin geworden und machte aus ihren Gefühlen eine Kunst. Sie wollte sich nicht länger selber geben, aber sie wollte gleichwohl Begehren erwecken, wollte angebetet und bewundert sein.

Wenn sie noch eine gute Sängerin geworden wäre, aber sie muss wohl nur eine mangelhafte Ausbildung erfahren haben. Sie wollte mit ihren Stimmitteln glänzen, wollte Temperament und Feuer zeigen, wollte unter allen Umständen in das dramatische Fach.

Die Folgen blieben natürlich nicht aus. Die Stimme wurde bald scharf und schrill und wurde auch dadurch nicht beseelter, dass sie den Mangel durch verzücktes Augenspiel und affektierte Bewegungen zu ersetzen suchte.

Als sie ihre Stimme ausgegeben hatte, versuchte sie sich als Schauspielerin.

Ein paar Rollen gelangen ihr wirklich gut. Man erzählte sich schon von der großen neuentdeckten Tragödin, allein sie verdankte ihren Ruhm nur der kritiklosen Masse, deren Augen und Ohren nicht scharf genug waren, um zu erkennen, dass sie nur Vorbilder nachahmte und nicht mehr aus eigenem schöpfte. — — — Woher auch sollte sie schöpfen, da sie nur noch letzte und schwächste Erinnerungen ihres Eigenlebens besaß, da sie nur motorisch noch den Sinn des Lebens in sich trug.

Sie strömte sich nutzlos aus, in nachgeahmter Stimme und Geste. Bald bevorzugte sie nur noch Lustspiele und Schwänke, bis sie auf den Sinn des Schauspiels ganz verzichtete und nur noch den Reiz der äußeren Aufmachung gab. Sie wirkte nur noch durch ihr Geschmeide und ihre Kostüme, bis sie anfing den Körper zu entblößen und das nackte Fleisch zur Schau zu stellen, dessen Haut den Glanz und die Frische verloren hatte.

Als sie keine Stimme mehr besaß, wurde sie Kinoschauspielerin und verkleidete das leere Gehäuse mit immer größerem Apparat. Die Welt jubelt ihr zu. Die Welt nahm den Apparat für die Wirklichkeit, aber ihr Lächeln war nur noch ein Schattenspiel, ein Flimmern auf der Leinwand. Sie gab nur noch den Schein in alter routinierter Geste, sie war zu einer Larve geworden, die tausendfältig noch Leben vortäuschte, aber kein eigenes Leben mehr besaß.

Erlassen Sie mir die Schilderung des jammervollen Niederganges ihres letzten Eigenlebens. Als ihre Gesichtszüge schon zu starr und unbeweglich geworden waren, und das Mienenspiel auch zum Kino nicht mehr ausdrucksvoll genug erschien, wurde sie Tänzerin und wollte in der Bewegung ausdrücken, was ihr schon anderweitig unmöglich war.

Sie wollte auf den Ursprung wieder zurückgehen und tanzte das Meer, die Flamme und den Wind, aber es wurden nur Hopser und Luftsprünge, denen lediglich die kritiklose Schar der Bewunderer den metaphysischen Untergrund zu geben versuchte, der einstmals wohl dem Tanz eigen war. Statt die Ursprünglichkeit wiederzufinden, fiel sie nur in die Neger-

und Kafferntänze zurück oder legte sich als Mensendieckerin auf den Rücken, um die Beine möglichst kerzengerade in die Luft zu strecken, als Zeichen von Kraft und Schönheit.

Da sie ihre eigentliche Wesenheit schon längst verloren hatte, verfiel sie allmählich immer mehr darauf, sich die Wesenheit des Mannes anzueignen, wobei sie natürlich nur im Äußeren steckenblieb.

Sie kleidete sich männlich, schnitt sich das Haar immer kürzer und nahm die Allüren des Mannes in Gang und Haltung an.

Bald versuchte sie sich auch in Kraft- und Rekordleistungen und stieg in die Arena hinab. Als Speer- und Gerwerferin suchte sie sich hervorzutun, als Kanalschwimmerin und Luftpilotin, als Fallschirmabstürzlerin, als Weit- und Hochspringerin. Sie glaubte dadurch immer noch mehr Kraft und Schönheit zu gewinnen, aber sie entwickelte sich nur immer mehr zur Gliederpuppe, die recht lebhaft und gewandt die Arme und Beine bewegen, recht gut auch laufen und springen konnte, aber nichts dadurch von ihrer ursprünglichen Wesenheit zurückgewann. Nichtsdestoweniger hatte sie darum keineswegs auf die besonderen Vorrechte verzichtet, die im Laufe der Jahrhunderte zu ihren selbstverständlichen Attributen gehörten. Sie verzichtete weder auf den Charme der künstlichen Welt, noch auf alles andere, was ich ihr sonst gegeben hatte. Und da sie stets nach Neuem lüstern war, verfiel sie schließlich darauf in Schönheitskonkurrenzen sich als Modekönigin kreieren zu lassen, deren Schönheit nach Maß und Gewicht, nach Norm und Umfang gemessen wurde.

IV.

Als ich sie zum letzten Mal traf — Sie erraten es sicher, meine Herren —, es war niemand anders als Miss Florida, — da war sie die Tochter des Milliardärs und erstrahlte im höchsten Glanz, den ihr die irdische Welt zu Füßen legte.

Ich erkannte sie sofort, denn sie trug den Skarabäus an der Brust und auf dem Haupte den Schmetterling. Ich näherte mich ihr zum letzten Male, ich wurde dringlicher, ich spielte deutlicher auf die Vergangenheit an, ich sagte ihr, was niemand wissen konnte, als sie selbst.

Aber sie glaubte mir dennoch nicht und verlangte stärkere Beweise. Sie sollte Wunder sehen, wenn sie glauben sollte.

Da ließ ich Wunder vor ihren Augen erstehen und geheimnisvoller Worte Ton in ihrem Ohr erklingen, bis sie, der Gegenwart entrückt, jenseits von Zeit und Raum sich wiederfand.

Die Wände des Zimmers wichen zurück, die Decke hob sich und wurde zum weiten Himmelszelt, statt der Teppiche berührten ihre Füße den nackten Erdengrund und statt des Lichtes der elektrischen Lampen umflutete sie helles lebendiges Sonnenlicht.

Meine Herren — zweifeln Sie vielleicht immer noch, dass ich Wunder verrichten kann, glaubt vielleicht immer noch jemand, dass es nur Sage und Märchen ist, — das Wunder, das sich mit bunten Schmetterlingsflügeln zum blauen Himmel erhebt? —

Auf meinem Schmetterlingswagen gedachte ich Psychen emporzutragen, in das Reich hinauf, wo die Blumen ewig blühen, und auch die Tiere wieder lebendig werden, wo alles in Bildern und Ideen schwingt, wo die Worte zu Liedern und Gesängen werden, wo das Geschehen Sinn und Deutung erfährt, wo Kraft und Leben erhalten bleiben, und unvergänglich die Schönheit thront.

Sie aber besaß nicht mehr die Kraft zum Höhenfluge. Die Spannkraft ihrer Schwingen war erlahmt. Sie haftete schon allzu schwer am Boden, sie war schon statisch allzu schwer gebunden, um der Ekstase noch teilhaftig zu werden.

Sie schalt mich einen Hypnotiseur und Schwarzkünstler. Nicht auf himmlischem Plan wollte sie die Heimat wiederfinden, auf dem irdischen Plan wollte sie unvergänglich sein. Hier in der irdischen Welt sollte ich ihr ewige Jugend und Schönheit verleihen, wenn ich wirklich solcher Zauberkünste fähig wäre.

Da erfüllte ich zum letzten Male ihre Wünsche, denn mein Amt ist, nicht zu versagen, sondern immer nur zu gewähren.

Sie fand sich gleich schon in demselben Tempel wieder, den ich ihr auf Erden errichtet hatte. Die gewaltige Halle umgab sie wieder, in der sich alles befand, was ich ihr im Laufe der Zeiten gegeben hatte.

Kaskaden von Seidenstoffen erhoben sich in allen Farben und Mustern, Stoffe und Bänder zogen Girlanden durch die Etagen oder flatterten wie Fahnen an den Masten, Felle und Pelze lagen schimmernd und gleißend auf den Tischen,

Schneehügel von weißem Linnen blinkten auf hohen Etageren und Kleider über Kleider hingen auf den Gestellen: Festliche Kleider, häusliche Kleider, Straßenkleider und Abendtoiletten, Kleider wie Duft und Spinngewebe, Kleider wie Perlenglanz und Mondenschimmer, Kleider wie Gedichte oder schillernde Blüten, Kleider wie Märchen aus Tausendundeine Nacht.

Von weißen Marmorwänden rings umgeben lag in der Mitte dieses Tempels des Allerheiligsten geweihte Stätte, profanen Augen streng verschlossen. Kristallene Spiegel hingen zwischen den Marmorwänden, in deren Kristall sich ein Flimmern und Leuchten verfing, wie von unzähligen künstlichen Mondscheinnächten und Sonnenuntergängen.

Ein Regenbogen von wohlriechenden Fontänen erhob sich mit perlendem Schimmer aus silbernen Springbrunnen, die Nelken- und Veilchenwasser in die Luft entsandten.

Bäche von Narden- und Rosenölen flossen in den Leitungen der marmornen Tische, und auf den Etageren standen Phiolen und Flakons aus geschliffenem Glase, oder wunderbare Schalen in den durchscheinenden Farbtönen eines unendlich zarten Blassblau oder Rosa und bedeckt mit silbernen und goldenen Inschriften, die eine geheimnisvolle Sprache redeten.

Der Geist von Millionen von Blumen war darein gebannt, das Blut und der Saft der heilsamsten pflanzen und Kräuter, die Kraft und Geschmeidigkeit des tierischen Leibes, seine höchste schon ätherische Wesenheit in kunstvollen Verfahren von den großen Magiern erfunden und zubereitet.

Das Haarwuchsmittel und das Haarfärbemittel war darin verschlossen, die das Haar in Lockenfülle sprießen lassen und jegliche Farbe nach Wunsch gewähren. Das Wunderwasser, das den Busen wölbt, das Mundwasser, das den lieblichen Hauch verleiht, das Pulver, das die Zähne ewig weiß erhält, die Schminke, die Auroras Farben spendet, die Cremen, die der Macht der Sonne widerstehen, die Salbe selbst mit der einst Mephistopheles den Faust zum Jüngling wieder umgewandelt hat.

*

In weißen, langwallenden Gewändern hantierten schweigend und emsig die Priester und Magier dieses Tempels und rüsteten für Psyche das Zauberbad, das ihr die ewige Jugend geben sollte.

Kaum war sie in das Bad gestiegen, kaum benetzten die Wasser des Jugendbrunnens ihre Glieder, als die Haut ihres Leibes sich verwandelte, als die Muskeln und Sehnen sich wieder strafften und alle Runzeln und Falten verschwanden.

Eine Neugeborene entstieg sie den Wunderwassern, um noch der höheren Künste teilhaftig zu werden, die dieses Tempels Heiligtum zu spenden fähig war.

Die Magier dieses Tempels waren nämlich nicht nur große Gelehrte und Chemiker, sie waren auch Künstler und Plastiker, die den Formen des Leibes und des Gesichtes eine schönere Bildung zu geben verstanden.

Wie einst jener griechische Bildhauer die marmorne Venus schuf, indem er von jeder Schönen den Teil ihres Leibes oder Gesichtes nahm, der bei der einzelnen am schönsten und vollkommensten gestaltet war, so kannten die Magier dieses Tempels alle Gesetze und Regeln der Vollendung und Vollkommenheit und wandten ihre höchsten Künste an als gehorsame Diener der Wünsche, deren Erfüllung von ihnen gefordert wurde.

Sie gaben der Nase Psychens jene vollendete Bildung wie sie einst Helena besessen hatte und formten die Muschel ihres Ohres gleich jenem Ohr, in dem sich die meisten Liebesschwüre verfangen hatten. Sie gaben ihren Augen das Oval jener mandelförmigen Augen, die jede Nacht ein Märchen spendeten und schufen die Augenbrauen mit den wunderbarsten und dauerhaftesten Tuschen neu.

Sie umzogen die Augenränder mit den lila Tönen, die dem

Auge den unwiderstehlichen Glanz verleihen und setzten den Lidern künstlich die langen gefühlvollen Wimpern ein. Sie legten dann die Cremen und die Salben auf, die dem Gesicht den Teint der Lilien geben und malten zarte Lasuren darauf. Sie färbten die Lippen mit dem Wunderstifte, der die Gluten des Granatapfels verblassen lässt und stäubten das Gesicht mit dem schneeigsten Puder, der dem Pfirsichglanz des Wangenpaares den Schimmer des reinen Blutes wiedergab.

Sie netzten dann das Haar mit den köstlichsten Wassern und ließen den Föhn es wieder trocknen. Sie färbten es mit gold- und silberblondem Schein und legten es in Dauerwellen, die über Zeit und Raum erhaben sind und kräuselten es leicht, bis es wie perlender Champagner darin rieselte.

Sie gaben Psychen auch mittels des wunderbaren Gestelles, durch das die Mundwinkel aufwärtsgezogen werden, das wundersame Lächeln, das noch das Lächeln der Venus übertrifft. Sie erzeugten mittels Druckknöpfen, die sie in Bandagen an die Wangen legten, die unvergänglichen Grübchen und befestigten an den Lippen jene Stahlklammern, die den Lippen die schwellende Formung verleihen, die Cupidos Bogen gleicht.

Sie färbten schließlich die Monde der Zehen und Finger mit Gold und Silber, sie tönten die Ohrläppchen mit rosigem Schein und ließen ahnungsvoll der Adern Geflechte erschimmern und legten zuletzt auch noch das Schönheitspflästerchen auf von höchstem, göttergleichem Reiz.

Die dienenden Geister hatten alle Befehle ausgeführt, sie hatten Psychen die ewige Jugend und unvergängliche Schönheit gegeben, die jede irdische Vollkommenheit nach Maß und Gesetzen in sich barg.

Aus den kristallenen Spiegeln strahlte der unbesonnenen Wünscherin ihr Bild unzählige Male in vollkommener Schönheit und Jugendfrische entgegen. Sie besah sich lächelnd von allen Seiten und zeigte das strahlende Perlengehege der künstlich er neuerten Zähne.

Sie schien zufrieden zu sein, denn alle ihre Wünsche waren erfüllt.

Aber sie war so schön und vollkommen geworden, dass sie wie einst in alter Zeit wieder den Neid der Götter erregte.

Meine Herren! — — Ich habe es Ihnen schon einmal angedeutet, die Götter nahmen schon sehr bald Menschliche Eigenschaften an. Sie wurden kleinlich und rachsüchtig, neidisch und eifersüchtig. Es war ja nicht das erste Mal, dass sie die allzu vermessene Sterbliche bestraften. Aus den Sagen des Altertums ist in unzähligen Fällen bekanntgeworden, wie die Götter an den Sterblichen für oft nur geringe Vergehen die fürchterlichste Rache nahmen, indem sie ein Menschenkind in den Spiegel einer Quelle oder in den Spalt eines Baumes einschlossen, in einen Vogel verwandelten oder in ein reißendes Tier oder gar gänzlich verschwinden ließen.

Nun, es war dafür gesorgt, dass etwas Ähnliches nicht wieder geschehen konnte, denn meine Künste und Methoden halten selbst der Macht der Götter stand.

Meine Salben und Mixturen, meine Wasser und Cremen sind patentiert und gesetzlich geschützt, ja selbst das Lächeln war mit einer Summe versichert, vor deren Höhe auch die Macht der Götter weichen musste.

Die Götter konnten Psychen nichts von all dem rauben, was ich ihr gegeben hatte. Sie mussten ihr Gestalt und Schönheit unvergänglich lassen, aber sie nahmen ihr den göttlichen Funken, den sie einst in ihre Brust hineingelegt hatten. Sie wandelten die Plastik ihres Leibes zu einem Gefängnis, in dem sich kein Leben mehr regte.

Wie einst sich Psyche Schönheit nehmen wollte aus der Büchse der Proserpina, in die hinein aber die Göttin Venus ein verderbliches Zaubermittel getan hatte, so befiel sie abermals der stygische Schlaf, der ihre Glieder lähmte, dass sie so plötzlich von der Starrheit befallen wurde, dass nur das Lächeln in ihren Zügen lebendig verblieb, in jenem Augenblicke festgehalten, als sie der eigenen Schönheit überglücklich sich unzählige Male in den Spiegeln sah.

*

Aber ihre Schönheit und Jugendfrische, ihr Lächeln und alles, was ich ihr gegeben habe, wird dennoch unvergänglich

auf dem irdischen Plane bestehen bleiben.

Hinter kristallenen Scheiben thront sie fern dem Getriebe des Alltags in strahlender Schönheit mit der kunstvollsten Frisur und den prächtigsten Toiletten angetan, umgeben von allem nur erdenklichen Luxus, unnahbar in ihrer Vollkommenheit und bestaunt von den irdischen Schwestern, deren Aufgabe es ist, sie zu warten und zu pflegen oder andächtig und ehrfurchtsvoll zu ihr hinaufzuschauen.

V.

Meine Herren! Ich habe mein Wort nun eingelöst und Ihnen das Geheimnis der Miss Florida enthüllt. Gestatten Sie mir noch ein paar Worte in eigener Angelegenheit.

Sie haben beleidigende Ausdrücke gebraucht, Sie haben mir mein Aussehen und meine Gestalt vorgeworfen.

Sie vermissen wahrscheinlich die goldenen Flügel und den Flitzbogen, oder wundern sich vielleicht, dass ich mich des Lassos jetzt bediene, einer Waffe, die sicherlich den Einrichtungen des modernen Zeitalters viel besser entspricht als jenes altertümliche Gerät.

Es mag sein, mein Aussehen ist ein wenig derangiert. Aber ich muss Ihnen den Vorwurf zurückgeben, denn ich bin nichts anderes als das Produkt ihrer eigenen Wünsche und Vorstellungen, die mich einen anderen Weg gehen ließen als mir von Haus aus bestimmt gewesen ist.

Ich war ein gesunder, hoffnungsvoller Knabe, der Stolz meiner Mutter, die Freude des Olymps. Ich lebte mit den Blumen und Schmetterlingen, mit den Winden und Wolken, mit den Herden und Hirten.

Ich sah wie die Blumen ihren Stempel dem Blütenstaub entgegenstreckten, ich sah wie die Schmetterlinge sich im Hochzeitsflug umschwebten, ich sah wie die Herden sich mehrten, und auch die Götter sich im Kuss vereinten.

Ich habe mir nichts dabei gedacht, — beim ewigen Vater Jupiter, ich habe mir wirklich nichts dabei gedacht.

Da aber kamen die Menschen und sagten, dass ich ein

verschämtes und verschmitztes Lächeln hätte, dass ich ganz genau wüsste was die Glocke geschlagen hätte, dass ich heimlich durch die Finger schaute, wenn irgendwo ein Liebespaar sich treffen tat, dass ich ein Kuppler und Tunichtgut wäre, — — entblödeten sich die Menschen doch nicht mir nachzusagen, dass ich der Mutter selbst das Gewand vom Leibe zöge, wenn sich ein Freier nahte.

Aber nicht genug damit, es gefiel den Menschen auch mich im Bilde zu verunglimpfen und mich als einen pausbäckigen Bengel darzustellen, mit einem Flitzbogen und Pfeilen ausgestattet, ewig auf der Lauer die Menschen zu jenen Dingen anzuspornen, die nach ihrem eigenen Lächeln zu schließen recht albern und spaßhaft sein müssen.

Wenn irgendein Töpfer nicht wusste was er auf seinen Vasen darstellen sollte, wenn irgendeinem Maler nichts einfiel, womit er die leeren Flächen seiner Leinwand ausfüllen sollte, gleich fand er es passend, mein vermeintliches Konterfei recht neckisch auf seinem Machwerk anzubringen, am liebsten, wie ich gerade durch das Schlüsselloch schaue, eine rein menschliche Angewohnheit, die den Göttern schon deshalb nicht in den Sinn kommen kann, weil sie bekanntlich durch alle Wände schauen.

Und nun erst die Romanschriftsteller und Lyriker! Zu einer armseligen Romanfigur hat man mich herabgewürdigt, — gibt es doch nichts so Albernes und Abgeschmacktes, so Abgefeimtes und Abscheuliches, dass es mir jene Romanschriftsteller nicht in die Schuhe schieben möchten.

Sogar meinen ehrlichen Namen hat man mir geraubt. Zum Teufel Asmodeus hat mich der Herr Lesage*) gemacht und mir einen Hinkefuß angedichtet, bis ich schließlich so lächerlich geworden bin, dass sich jedermann scheut auch nur meinen Namen zu nennen.

Seit mehr als zwei Jahrtausenden muss ich das alles über

---

*) Alain René Lesage: Der hinkende Teufel.

mich ergehen lassen, — — — ich, von dem man sagt, dass ich der älteste der Götter gewesen sei, — — der ich Eros und Heros zugleich gewesen hin, von denen man jetzt als von meinen beiden großen Brüdern spricht, während es in Wirklichkeit doch nur meine früheren Inkarnationen sind.

Ist es ein Wunder, dass meine Flügel den Glanz verloren haben; ist es ein Wunder, dass meine Pfeile stumpf und verrostet sind?

Meine Herren! Sie werden zugeben müssen, dass es nicht an Ihnen liegt, wenn ich mich nicht wirklich zu einem Ungeheuer entwickelt habe, und ich finde jedenfalls, dass ich in Anbetracht aller Umstände noch immer ein ganz passables Aussehen besitze.

Sie werden mit Recht jetzt fragen, was ich eigentlich auf dem grobstofflichen Plane noch zu suchen habe, und in der Tat meine Mission ist wirklich beendet.

Ich ziehe mich wieder auf den Olymp zurück als der letzte der Götter, der ich tatsächlich auch der erste der Götter gewesen bin.

Ich hinterlasse Ihnen den kleinen Gliedermann als meine letzte Form auf dem grobstofflichen Plane zum Andenken zurück.

Sie können ihn in das Schaufenster neben Psychen stellen, oder als Talisman hinten am Wagenfenster der Limousinen verwenden, Und wenn sie ihm Flügel geben, so bitte nicht aus Gold oder Silber, sondern Schmetterlingsflügel, denn ich habe niemals andere Flügel besessen, und wenn sie jetzt auch ein wenig verstaubt und unscheinbar geworden sind, so dass sie vielleicht als Fledermausflügel erscheinen, so braucht man nur ein wenig daran zu kratzen und sofort werden die Schmetterlingsflügel wieder hervorschauen.

*

Was die Zukunft bringen wird, — — — auch die Götter

wissen die Zukunft nicht. Selbst Vater Jupiter pflegte stets zur Kartenlegerin zu gehen, wenn er die Zukunft wissen wollte.

Zwölftes Kapitel

Die ideoplastischen Schmetterlinge

Die Memoiren des Geistes wurden von mir wortgetreu wiedergegeben und nicht ohne Mühe aus dem Griechischen übersetzt, denn die Memoiren waren in altgriechischer Schriftsprache verfasst und nicht immer leicht zu entziffern.

Der geneigte Leser wird jetzt auch vielleicht verstehen, warum mir damals vor der Sitzung jener rosenbekränzte Esel erschien. Dieser Esel war nämlich niemand anders als der Geist des berühmten Apulejus, der das Buch „Vom Goldenen Esel" geschrieben hat, in dem auch das Märchen von „Amor und Psyche" eine Stelle fand.*)

Der genannte Apulejus war zu Lebzeiten ein römischer Rechtsgelehrter und zugleich magischen Studien beflissen, wobei er sich so in seine eigenen Zauberkünste verstrickte, dass sie ihm zu großem Schaden gereichten.

In Thessalien nämlich, wo dieser Rechtsgelehrte und Magier vor vielen Jahrhunderten eine Zeitlang lebte, stand damals das Zauberwesen in üppigster Blüte und es gab dort so viele Hexen, dass man sich gar nicht vor ihnen retten konnte.

Eines Abends beobachtete nun der genannte Apulejus heimlich eine gewisse Dame, die sicherlich auch eine Hexe ge-

---

*) Lutius Apulejus, lateinischer Schriftsteller und Jurist, geb. 125 n.Chr. Sein berühmter Roman: Metamorphoseon libri XI („de asino aureo", „Vom goldgeschirrten Esel") enthält die Episode von Amor und Psyche.

wesen sein wird, bei ihren magischen Experimenten und sah wie sie sich mit einer Salbe einrieb, worauf ihr am nackten Leibe Federn und Flügel wuchsen und sie zum Fenster als ein Vogel hinausflog.

Apulejus versuchte dieser Dame das magische Experiment nachzumachen, ergriff aber des Zauberns nur erst wenig kundig, eine falsche Salbe, — und statt der Federn wuchs ihm das Fell eines Esels und alles, was zu einem wirklichen Esel gehört.

In dem Buch „Vom goldenen Esel“ berichtet Apulejus von den mannigfachen Leiden und Abenteuern dieses Esels, der handgreiflich unter den Schlägen des Schicksals zu leiden hatte, längere Zeit in einer Tretmühle gehen musste, dann vermöge seiner besonderen Intelligenz, die ihm von seinem Menschentum her auch in der Eselsgestalt noch erhalten geblieben war, zu Zirkusvorführungen benutzt wurde, wobei er wie ein

Mensch essen und trinken musste, bis er dann nach unsäglichen Leiden von seiner Eselsgestalt zur Zeit, als es wieder Frühling geworden war, dadurch erlöst wurde, dass er an einem geweihten Rosenkranz knabberte, mit dem man ihn zur Feier eines heiligen Festes bekränzt hatte.

Längere Zeit aber war dieser Apuleius in Eselsgestalt auch bei einer Räuberbande in Diensten, und hier hörte er von einer Märchenerzählerin das uralte Märchen von Amor und Psyche, das er gut im Gedächtnis bewahrte und im „goldenen Esel" wiedererzählte.

Sicherlich hat Apulejus, als er mir am Vorabend der großen spiritistischen Sitzung in Gestalt des mit Rosen bekränzten Esels erschien, schon das Ergebnis der spiritistischen Sitzung vorausgewusst und mir aus Kollegialität über Zeit und Raum die Hand, oder richtiger gesagt die Pfote reichen wollen, eine Geste, die ich damals leider nicht verstand.

Natürlich konnte Apulejus, als er von Amor und Psyche erzählte, noch nicht wissen, was sich später ereignen würde, und so beginnen denn die Memoiren des Geistes eigentlich erst an jener Stelle, wo Apulejus schon zu Ende war.

*

Es ist zum Schluss nur noch eines besonderen Erlebnisses Erwähnung zu tun, das der Vollständigkeit halber erzählt werden muss, zumal es geeignet ist, auch den letzten Zweifel an der Wirklichkeit aller geschilderten Vorgänge zu beseitigen.

Der Leser wird sich sicherlich noch des großartigen Phänomens der materialisierten Schmetterlinge erinnern, das ich bisher nur flüchtig angedeutet habe, weil es nicht möglich ist in einer solchen Sitzung alles gleichzeitig zu beobachten und dem gewissenhaften Berichterstatter die Schönheit des Phänomens sehr leicht entgehen kann, wenn er nur der Wahrheit auf die Spur zu kommen sich bestrebt. Der skeptische Leser wird wahrscheinlich schon wieder vermutet haben, dass es auch mit diesen Schmetterlingen nicht seine Richtigkeit hatte, zumal ja an jener Stelle nur erwähnt wurde, dass die Schmetterlinge allmählich wieder in die unsichtbare Welt entschwanden.

Allein nicht alle Schmetterlinge entmaterialisierten sich gleich wieder, sondern es gelang Sherlock Holmes und Watson während der Sitzung vermöge jener magischen Waffe, die einem Schmetterlingsnetz nicht unähnlich sah, eine ganze Anzahl der schönsten und größten Exemplare einzufangen, die von der magischen Waffe berührt, in der sichtbaren Welt verblieben, und als ein Beweis der wirklich stattgefundenen Phänomene dienen konnten.

Sherlock Holmes und Watson versprachen mir diese Schmetterlinge zum Andenken an unsere gemeinsame Sitzung als Präsent zu verehren. Da sie es bei ihrem ziemlich plötzlichen Abgang jedoch vergaßen, wollte Conan Doyle dafür Sorge tragen, dass ich noch nachträglich in den Besitz der Schmetterlinge gelangte.

Nach einiger Zeit vergeblichen Wartens schrieb ich deshalb an Conan Doyle und erinnerte ihn an sein Versprechen.

Er antwortete mir nur kurz, dass er durch dringende Geschäfte abgehalten worden sei. Ich möchte mich nur direkt an Sherlock Holmes oder Watson wenden, er wüsste, dass sie die Schmetterlinge bereits präpariert und aufgezogen hätten und für mich bereithielten.

„Die Adresse der genannten Herren dürfte Ihnen bekannt sein,“ so schrieb er am Schluss seines Briefes, „und nach den Ergebnissen unserer Sitzung wird Ihnen wohl auch der Weg zu den genannten Herren nicht länger ungangbar erscheinen.“

Die Antwort Conan Doyles war in dem Schlusssatz gewiss recht seltsam, aber ich war mir sofort darüber klar, dass die Gegend, wo die Herren zu finden waren, sich nicht in der sichtbaren Welt befand, sondern in jener Gegend, wohin Conan Doyle sich selbst ganz einfach dadurch begeben hatte, dass er in den Spiegel des Kleiderschrankes sprang.

O skeptischer Leser, o kleingläubige Leserin, wie einst der heilige Augustin, als er das Buch „Vom goldenen Esel" gelesen hatte, dem Apulejus nicht glauben wollte, dass er sich in einen Esel verwandeln konnte, so wirst auch Du vielleicht daran zweifeln, dass Conan Doyle tatsächlich in den Spiegel springen konnte, ohne dass das Glas des Spiegels zerbrach.

„*Hic Rhodos, hic salta*" [Hier ist Rhodos, hier tanze] wirst Du vielleicht fordern, wie man es von jenem Tanzkünstler verlangte, der von seinen fabelhaften Tanzkünsten prahlte, die er in irgendeiner entfernten Gegend zum Besten gegeben haben wollte. — —

Es ist natürlich schwer, in den Spiegel zu springen, ohne dass das Glas zerbricht, und ohne dass man sich dabei etwa eines unerlaubten Tricks bedient.

Unzählige Male versuchte ich es auf dieselbe Weise wie Conan Doyle, indem ich einen kleinen Abstand nahm und dann gegen den Spiegel anlief. Es kommt nicht auf den Spiegel an, sondern es kommt dabei nur auf den Läufer an. Man muss den festen Glauben haben, dass es geht, dann geht es auch, aber wenn man zweifelt, oder sich den Glauben erst anphilosophieren muss, dann geht es eben nicht.

Und es ging nicht, wie oft ich es auch versuchte. Ob ich langsam oder schnell, in grader oder krummer Linie lief, die Beine oder den Oberkörper zuerst vorstreckte, dicht vor dem Spiegel schien sich eine unsichtbare Mauer zu befinden, die mich immer wieder zurückhielt. Ich fürchtete eben stets, den Spiegel zu zerbrechen, und jeder Magier weiß, dass ein zerbrochener Spiegel nichts Gutes bedeutet. Es ging mir nahe, dass mir das Experiment nicht gelingen wollte, obgleich es mir Conan Doyle doch ohne Schwierigkeiten vorgemacht hatte, und er mir zutraute, dass ich es nachzumachen imstande wäre. Versuche es selber lieber Leser, und Du wirst mir zugeben müssen, dass es wirklich schwerer ist, als der einfache Bericht es schildert.

Nicht einmal Nachdenken hilft dabei; nicht der angestrengteste Wille, nicht die schärfste Konzentration, nicht einmal Atemübungen und Gymnastik, nicht affenartige Gewandtheit und angestrengtestes Training.

Der Ehrgeiz hatte mich gepackt, und ich grübelte unaufhörlich darüber nach, wie mir das Experiment gelingen könnte, ja selbst während der Geschäfte des Tages ließ mich der Gedanke nicht los, und wenn ich selber müde wurde, so grübelte es in mir noch immer weiter darüber nach, wie der magische Sprung in den Spiegel gelingen könnte.

„Es ist ja ganz leicht, es ist doch so einfach," so raunte mir irgendein anderer, der neben mir in meinem Körper Wohnung zu haben schien, fortwährend heimlich zu, aber dieser andere, der es zu wissen schien, er sagte mir dennoch nicht, wie es anzufangen wäre.

Ein merkwürdiger Zustand stellte sich allmählich bei mir ein, ein Zustand, der sicherlich besorgniserregend war. Ich wurde merkwürdig zerstreut, ich vergaß die nächstliegenden Dinge, während Entfernteres mit seltener Klarheit in meiner Vorstellung lebendig wurde. Meine Sinne schienen schärfer und empfindlicher zu werden, während meine Glieder schwerer und unbeweglicher wurden. Wenn ich an dem einen Ende des Tisches saß, so war es mir, als ob ich auch gleichzeitig an dem anderen Ende des Tisches saß und die Dinge von dort aus sah, wenn ich die Treppe hinausging, so war es mir gleichzeitig, als wenn ich sie wieder hinunterginge, — wenn ich an meinem Schreibtisch saß, so war es mir, als wenn ein Teil von mir auf der Straße spazieren ging, und wenn ich einem Esel begegnet wäre — geliebte Leserin, es wäre mir sicherlich schon gelungen, mich in diesen Esel zu verwandeln.

Trotzdem traute ich mir aber immer noch nicht zu, in den Spiegel zu springen, ohne dass der Spiegel dabei zerbrach. Das Experiment ist eben noch viel schwieriger als die Kunst sich in einen Esel zu verwandeln.

Ich hatte den Gedanken an das Vollbringen dieses Experimentes schließlich aufgegeben, ich wollte überhaupt nicht mehr daran denken und hatte natürlich auch längst schon auf die Schmetterlinge verzichtet, als ich ein seltsames Erlebnis hatte, oder vielmehr eine merkwürdige Beobachtung machte.

Eines Abends schaute ich wie zufällig in den Spiegel. Ich war sicherlich in diesem Moment sehr zerstreut — und so bemerkte ich denn auch zuerst gar nicht, dass mein gewohntes Spiegelbild seltsamer Weise in diesem Moment gar nicht vorhanden war. Als ich mir aber dieser beunruhigenden Tatsache plötzlich bewusst wurde, da war mein Spiegelbild auch sofort wieder da, so, als wenn es schon immer dagewesen wäre. Nichtsdestoweniger konnte ich den Verdacht nicht loswerden, dass jener Geselle im Spiegel sich rasch erst in dem Moment in den Spiegel gestellt hatte, als ich sein Fehlen bemerkte. Ich war jedenfalls misstrauisch geworden und suchte in den nächsten Tagen den lässigen Gesellen des öfteren zu überraschen, indem ich mich ganz plötzlich und unerwartet vor den Spiegel stellte, allein jener war jetzt besser auf seiner Hut und ziemlich pünktlich zur Stelle.

Schon nach einigen Tagen wiederholte sich jedoch wieder dasselbe Phänomen. Als ich abermals in den Spiegel schaute, da war mein Spiegelbild zu Anfang wieder gar nicht da, erst als ich mit der Hand über die Augen fuhr und mich zusammenriss, erst da stellte sich das Spiegelbild auch wieder ein, doch schien es mir, als ob der Moment des Zögerns immer länger wurde.

Ich hatte mich schon an dieses sonderbare Zögern des Burschen in dem Spiegel allmählich gewöhnt, da geschah eines Abends so etwas Seltsames, dass ich es gar nicht fassen konnte und in heftigen Schrecken darüber geriet.

Als ich mich nämlich wieder einmal vor den Spiegel stellte, da war jenes körperlich zwar nicht greifbare, dennoch aber fraglos vorhandene Wesen, dessen linke Seite meine rechte ist, anfänglich ganz richtig und diesmal auch pünktlich zur Stelle, aber, unfassbare Tatsache, nach einigen Augenblicken tat dieser Gefährte im Spiegel etwas ganz anderes als ich selber.

Dieser Gefährte, der mich bisher immer sklavisch im Auge behalten hatte, der auf alle meine Bewegungen bisher immer mit dem unterwürfigsten Gehorsam reagiert hatte, er revoltierte scheinbar, und während ich selber ganz still und unbeweglich stand, da kratzte sich jener nachdenklich den Kopf.

Ich versuchte es mit äußerster Energie, ihn wieder zum Gehorsam zu zwingen, indem ich ihm die verschiedensten Stellungen und Gesichter vorschrieb. Anfangs folgte er auch wohl hin und wieder meinen Bewegungen, als ob er sich seiner Pflichten wieder erinnern täte, dann aber machte er verschiedene unverständliche Gesten und entfernte sich schließlich achselzuckend in die Tiefe des Spiegels.

Ich geriet natürlich in die höchste Bestürzung, denn jeder Magier weiß, dass es gefährlich ist, sein Spiegelbild zu verlieren. Mit großer Besorgnis sah ich, wie meine eigene Gestalt im Spiegel kleiner und kleiner wurde und sich die sonderbarsten Gebilde davorschoben, von noch viel phantastischerer Art als damals, als ich den Meister im Spiegel sich entfernen sah.

Die Erinnerung jenes Augenblicks ist mir in Einzelheiten nicht mehr im Gedächtnis geblieben; ich weiß nur, dass ich mich nicht bewegen und regen konnte, während jener im Spiegel verschwunden blieb, und ich kann auch nicht sagen wie lange es gedauert haben mag, bis ich mein Spiegelbild wieder zurückkehren sah, und zwar mit einem kleinen Kasten unter dem Arm, der aber zugleich „mit dem Spiegelbild im Näherkommen immer größer wurde.

Wer beschreibt mein Erstaunen, als ich aus dem sonderbaren Zustande der Starre wieder erwachte, und einen großen Kasten mit wundervollen exotischen Schmetterlingen in den Händen hielt.

Es war kein Zweifel, der magische Sprung in den Spiegel

war mir, als ich das Unternehmen schon aufgegeben hatte, dennoch scheinbar wider meinen Willen von selbst gelungen; mein Spiegelbild hatte sich für mich in die unsichtbaren Welten, in das Reich, das hinter dem Spiegel liegt, begeben, um eben jene

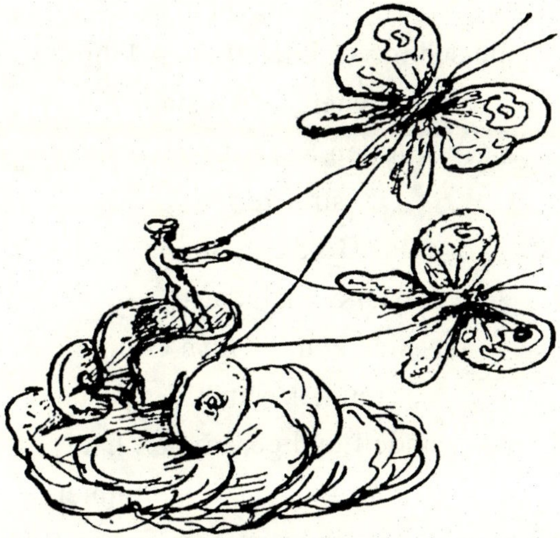

exotischen Schmetterlinge in Empfang zu nehmen, die Sherlock Holmes und Watson in der spiritistischen Sitzung gefangen und mir zum Präsent versprochen hatten.

*

Der Kasten mit den Schmetterlingen hängt jetzt über meinem Schreibtisch, und jeder, der es sehen will, kann sich von der Wirklichkeit der Schmetterlinge überzeugen. Ich habe dieselben in der Folgezeit noch öfter des genaueren betrachtet. Es sind ganz besondere Schmetterlinge, wie es sie sonst so leicht nicht wieder gibt. Ja, es sind eigentlich gar keine Schmetterlinge, sondern ideoplastische Wunderwerke, in denen die tiefsten Geheimnisse der Natur Gestalt und Form geworden sind, und Leben, wirkliches Leben angenommen haben.

In dem Flor und Fächerwerk
ihrer Flügel
waren noch die Strahlen
der Morgenröte
verfangen,
die schon vor unendlichen Jahren
die Küsten des Gestades
mit den Rosenfingern
streiften.
Das Gold der Sonne
stand noch darin,
das sich zum ewigen Grün
in der Natur
gewandelt und gesammelt hat,
um sich mit goldenem Schimmer
wieder loszulösen,
das Opal der ziehenden Wolken
war darin,
der Widerschein des blauen Himmelszeltes,
der goldenen Sterne helles Funkeln,
und das Silber des Mondes,
das seine Strahlen in unzähligen Nächten
gewebt und gesponnen hat,
der Glanz der Edelsteine war darin
zurückgeblieben,
der Schimmer bunter Frühlingswiesen,
von tausend Blütenkelchen

abgestreift,
des Meeres Schillerblick und Wechsel,
wie es die Perlenmutter
widerspiegelt.

*

In dem Netzwerk ihrer transparenten Flore
leuchtete noch die Frische des Morgens
gleich den kristallenen Tropfen des Taues,
das Zittern der Mittagssonne
stand darauf,
des Südens heißes Flammenspiel.
In dem Flaum- und Seidenschimmer ihrer Leiber
verharrten noch der Wechsel der Stunde,
und das Bleichen der Dämmerung,
das sich mit violetten Schatten
auf die ermatteten kleinen Segel
einstmals
niedersenkte,
bevor sie die Nacht mit ihrem Purpursamte
durchweichte und sättigte.

*

Des ersten Frühlings Sprossen glänzte noch darauf,
in lebendigem Rahmen
eingestickt,
dazu der Blätter Netz- und Aderwerk,

des Herbstes buntes Bänderspiel,
mit dem er Wald und Fluren
gelb und braun
umrändert,
und auch des Winters Schnee und Eises Glanz
sein rosa oder blaugefrorenes Glitzern.

*

Doch mehr, viel mehr war drin bewahrt,
in winzig kleinem Widerspiel,
das der Begrenzung
Meisterwerk
enthüllte.
Des Meeres Rhythmus spielte darin wider,
der Wellen blaue Wogenkämme,
der Flamme helles Loh’n und Flackern,
der Flocken weißer Wirbeltanz,
des Eises grünes Zapfenwerk,
auch der Kristalle Bildung
des Werdens und des Wachsens
Jahresringe.

*

Aus den kleinen Monden und Sonnen
der Flügelpaare
schaute geheimnisvoll
der dunkle Drang des Lebenwollens,

wie
tausend bunte kleine Augen,
die
aus des Urwalds Dickicht starren.
Die Pracht des Pfaus schien drin verfangen,
des Tigers scharfgeflecktes Fell,

die Buntheit der Korallenschlange,
das Unaussprechliche
war drin verwoben,
das unwahrscheinlich Märchenhafte,
der Drache und das Einhorn,
der Zentaur
und jedes andere Fabeltier.

*

In den Zeichen und Silben ihrer Mäntel,
gleich den verstreuten Seiten
eines Zauberbuches,
standen
die Geheimnisse der Zahl- und Sprachenbildung
verzeichnet.
Der Götter Namen und Gerätschaften,
die Tierkreiszeichen und der Planeten Symbole
leuchteten in Flammenschrift darin,
alle Formeln und Gesetze, die der Dinge Wesenheit
verbergen
und
deren Wissen Schöpfermacht verleiht,
alles das
war schon auf den lebendigen Seiten
aufgezeichnet und bewahrt,
bevor
diese Seiten wieder
in alle Winde
zerstreut und fortgetragen wurden,
damit
das Geheimnis dennoch verborgen
blieb.

*

Sie selbst aber waren
der lebendige Beweis

des großen
Wunders,
wie Traum zur Wirklichkeit
geworden ist,
wie Duft und Farben
sich gewandelt hat,
wie Farbe zu Klang und Tönen,
wie alles sich zu Harmonien
vereinigt und gebunden hat.

*

Sie selbst waren die Offenbarung
des großen Geheimnisses,
wie sich der Gedanke zum Bild
entfaltet hat,
das Plastik und Gestalt gewann,
wie Wort zu Tat und Werk,
wie Werk
zu Sinn
geworden
ist.

*

Auf der Brücke ihrer Schwingen,
gleich kleinen Regenbogen,
senkten sich einst
in urweltfernen Zeiten

die amethystenen Träume der Götter
hernieder:
Ihr Geflüster von den kommenden Dingen
aus jenen Schöpfungstagen,
als die Götter Sehnsucht
empfanden,
dass
aus dem Lichte
wachse der Schatten,
dass
aus der Kürze
werde die Länge,
dass
aus der Nähe entstehe
die Ferne
und aus dem Hier sich bilde das Dort,
dass
sich der Geist umkleide mit Stoff,
dass
aus dem Chaos sich hebe die Welt,
dass
nach des Gottes Ebenbild
entstehe des Menschen Gestalt,
dass
Diesseits werde und Jenseits.

*

Die Sehnsucht
hatte sie geboren
als Kinder des Lichts und der Sonne-
die Sehnsucht
die sie am schlanken Stängel
höher trug,
bis sich der Blumen helles Leuchten
vom Erdenplane lösen wollte,
als rot — und blauer Blitz die Luft
durchzuckte,
als Traum von Pracht und Glanz
mit goldenem schlanken Flügelpaar
zum Himmelszelt
in Seligkeit
entschwebte.

*

Auf den fernen Inseln
waren sie geboren,
die noch keines Menschen Fuß
berührte,
die glücklichen Gestade
waren ihre Heimat,
das Land Orplid
und Avalun
das Land
der Feen.

Dort waren die Elfen ihre Spielgefährten,
die Wald- und Wiesengeister,
die Nixen und Undinen,
zwischen dem Röhricht des Schilfes
und
den Halmen der Gräser,
oder an den Hängen der Märchenwiesen,
wo die blaue Blume wächst.

*

Über den Quellen hatte das Glitzern
ihrer Schwingen
gezittert,
in deren Spiegel sich Faun und Nymphen
besahen.
Auf die schwellenden Polster des Mooses
hatten sie sich im Gleitfluge niedergelassen,
oder auch
wohl
auf dem Barte eines Waldschrates,
oder
der Hirtenflöte des Pan.

*

Über den Zaubergärten hatten sie geschwebt,
deren Pforten
einst Mohren und Riesen bewachten,

und in denen Scheherezade
jede Nacht
ein Märchen
erzählte.
In dem wilden Walde,
dessen

Bäume zu Riesen und Ungeheuern wurden,
waren sie vielleicht
dem Don Quichote auf seiner Rosinante
begegnet.
Trunkene Zecher hatten sie
im Weinberg des Horaz
umgaukelt,

und marmorne Götterbilder
mit ihrem Flügelschlag
gestreift.
An den Türmen und Zinnen der Städte
waren sie vorübergeflogen,
auf die hohen Balkone und Söller
hatten sie sich
niedergelassen,
einen Augenblick sich Kühlung
fächelnd,
oder versonnen sitzend
mit
geschlossenem Flügelpaar.

*

In den schönsten Gegenden der Erde,
in allen Rosengarten der Welt
hatten sie
die schönsten Stunden des Glücks
gesammelt,
und
trugen sie als blaue und rote Ordensbänder,
als Streifen und bunte Sterne,
oder als silberne Rittersporen,
oder in dem Gold und Purpur
ihrer Mäntel:
Die Stunden seligen Vergessens,

des Lebens glühend ausgegossen,
in einem Augenblick
verschenkt:
Die Stunden, die nicht vergehen wollten,
die Augenblicke, die sich Ewigkeit ersehnten,
die Küsse und Schwüre der Liebenden:
Die einzigen und zärtlichsten,
die heimlichen und süßesten,
die heißesten und schmerzlichsten,
die Kette,
die
unendlich
ist.

*

In den Membranen ihrer Fühler,
in den Antennen ihrer bunten Flügelspannen
zitterte es noch wie Melodie
und Glockenton:
Verrauschter Feste letzte Klänge!
Verwehter Lieder
letzte Spur!
Der Äolsharfe leise Klage,
Geflüsterton
und
Sehnsuchtslaut!

*

Sie waren das Leichte,
das die Schwere
besiegt,
das Weiche, das die Härte
bezwingt,
das Alltäglichste
und zugleich
das Wunderbarste,
das Kleinste und das Größte,
das Geringste und das Höchste.
Sie waren einst
die Tränen, die der Schönheit
geflossen sind,
das Lächeln der Märtyrer unter Folterqualen,
wenn sie sich auf blumigen Wiesen
wähnten,
das Leuchtende,
das sich aus Kriechendem
zur Sonne
erhoben hatte,
das Sinnbild der Unsterblichkeit.

*

Sie waren der Glanz der Vergangenheit
und
die Verheißung des Kommenden.
Auf der Brücke

ihrer kleinen Regenbogen
begegneten sich
Vergangenheit und Gegenwart
auf der blinkenden Waage
des Augenblicks,
der sich zur Ewigkeit dehnen wollte
und schon
die Zukunft in sich barg.

*

Nicht Schmetterlinge waren es,
sondern die ersten Strahlen
des Sternes
der Verheißung,
der
einst
in vollem Glanz
erstrahlen
wird,
wenn die verwehten Seiten des Zauberbuches
sich wieder zusammenfinden,
wenn die zerstreuten Strahlen des Zauberspiegels
sich wieder in einem Brennpunkt
vereinen,
wenn die Vielheit wieder zur Einheit
werden wird,
auf immer höherem Plane,

der sich spiralenförmig
aufwärts
windet.

*

Einst,
wenn auch die Erdenschwere weichen wird,
wenn sich des Riesen Atlas
tiefgebeugter Nacken
wieder hebt
und des Prometheus Fesseln
endlich fallen,
der Mensch zum Gott gewandelt
sich erhebt
von Herakles, von Gilgamesch befreit,
wie es die alte Sage kündet.

Im gleichen Verlag erschienen ferner:

PAUL MADSACK

Der schwarze Magier

Ein Roman in Schwarz und Weiß

Leipziger Neueste Nachrichten: Dieses Buch ist mehr als ein magischer Roman, es ist in sein er Ganzheit das symbolische Bild unserer Zeit. Trotz der Phantastik bleibt dennoch das Greifbare der Gegenwartssatyre als positiver Gewinn der Lektüre bestehen.

PAUL MADSACK

Tamotua

Die Stadt der Zukunft. Roman
Mit sechsunddreißig Zeichnungen von
Alfred Kubin.

OSCAR A. H. SCHMITZ

Der Geist der Astrologie

Berliner Börsenkurier: Den Vorzug der Klarheit, der deutlichen Linie besitzt dieses Buch. Es vermittelt eine Fülle neuer Einblicke und wertvoller Hinweise. Es ist nicht nur gescheit, es ist auch weise. Es ist nicht nur wissenschaftlich gelungen, sondern auch künstlerisch befriedigend.